Ludwig Goldschmidt

Kants Widerlegung des Idealismus

Band 5, 6, 7

Ludwig Goldschmidt

Kants Widerlegung des Idealismus
Band 5, 6, 7

ISBN/EAN: 9783744614870

Hergestellt in Europa, USA, Kanada, Australien, Japan

Cover: Foto ©Thomas Meinert / pixelio.de

Weitere Bücher finden Sie auf **www.hansebooks.com**

Kants »Widerlegung des Idealismus«

Ludwig GOLDSCHMIDT

Berlin: Reimer, 1899–1901.

In: *Archiv für systematische Philosophie*
Band 5. (1899): 420–453;
6. (1900): 28–63;
7. (1901): 59–87, 227–259.

XV.
Kants „Widerlegung des Idealismus".
Von
Ludwig Goldschmidt in Gotha.

I.

Wenn man tiefer in den Gedankengang der Kritik der reinen Vernunft eingedrungen ist, so lösen sich vor dem eigenen Blicke scheinbare Widersprüche, die man alter und neuer Beurteilung nur zu leicht geglaubt hat. Noch mehr: die Einsicht drängt sich auf, dass Kant in gewisser Hinsicht solcher Inkonsequenzen nicht fähig sein konnte, die sich nicht allein auf scharf und klar von ihm gedachte, sondern auch auf von ihm zum erstenmale richtig bestimmte Begriffe beziehen. Ein Beispiel. Die Kategorien auf übersinnliche Objekte zwecks theoretischer Erkenntnis anzuwenden, — was ihm ebenso oft als ungerecht vorgeworfen wird — lag nicht mehr in der Macht des Philosophen; er selbst hatte festgestellt, dass diese synthetischen Funktionen auf die sinnliche Anschauung angewiesen und durch sie restringiert sind. Die Synthesis setzt notwendig ein Mannigfaltiges voraus, das zu verknüpfen und zur Einheit zu bringen ist. Wo die Anschauung fehlt, bleibt der leere Gedanke. Unser Verstand hat die Fähigkeit, bis zur Grenze zu gehen, in der sich der Gegenstand der Erkenntnis in das blosse Gedankending auflöst; problematisch kann er auch das Reich des leeren Verstandes mit Wesen besetzen, aber die Kategorie findet hier nichts mehr, was sie zu bestimmen vermöchte. Den Unterschied des Bestimmens und des blossen Denkens durch die Kategorie hat Kant am Schlusse seiner Kritik der Urteilskraft durch ein sehr instruktives Beispiel illustriert. Er sagt dort: „Wenn ich einem Körper bewegende Kraft beilege, mithin ihn durch die Kategorie der Kausalität denke, so erkenne ich ihn dadurch zugleich, d. i. ich bestimme den Begriff desselben, als Objekts überhaupt, durch das, was ihm, als Gegenstande der Sinne für sich (als Bedingung der Möglichkeit jener Relation) zukommt: denn ist die bewegende Kraft, die ich ihm beilege, eine abstossende, so kommt ihm (wenn ich gleich noch nicht einen anderen, gegen den er sie ausübt, neben ihn setze) ein Ort im Raume, ferne eine Ausdehnung, d. i. Raum in ihm selbst, überdem Erfüllung desselben durch die abstossenden Kräfte seiner Teile zu, endlich auch das Gesetz dieser Erfüllung..... Dagegen, wenn ich mir ein übersinnliches Wesen als den ersten Beweger, mithin durch die Kategorie der Kausalität in Ansehung derselben Weltbestimmung (der Bewegung der Materie) denke, so muss ich es nicht in irgend einem Orte im Raume, ebenso wenig als ausgedehnt, ja ich darf es nicht einmal als in der Zeit und mit anderen zugleich existierend denken. Also habe ich gar keine Bestimmungen, welche mir die Bedingung der Möglichkeit der Bewegung durch dieses Wesen als Grund verständlich machen könnten, folglich erkenne ich dasselbe durch das Prädikat der Ursache (als ersten Beweger) nicht im Mindesten, sondern ich habe nur die Vorstellung von einem Etwas, was den Grund der Bewegungen in der Welt enthält, und die Relation derselben zu diesen, als deren Ursache, da sie mir sonst nichts zur Beschaffenheit des Dinges, welche Ursache ist, Gehöriges, an die Hand giebt, lässt den Begriff von dieser ganz leer. Der Grund davon ist: weil ich mit Prädikaten, die nur in der Sinnenwelt ihr Objekt finden, zwar zu dem Dasein von Etwas, was den Grund der letzteren enthalten muss, aber nicht zu der Bestimmung seines Begriffs als übersinnlichen Wesens, welcher alle jene Prädikate ausstösst, fortschreiten kann." Man kann solche Wesen nur nach den Modis des eigenen Vorstandes denken, d. h. man denkt gleichsam immer wieder den eigenen Verstand. Wagt man dennoch eine bestimmte Aussage, so täuscht man sich durch Anthropomorphismen eine Scheinerkenntnis vor; ist man behutsam, wie etwa Spinoza, so bewegt man sich in einer hypostasierten Verstandeswelt, von der man ableitet, was man zuvor in sie hineingelegt hatte. Der Leser der Kritik, dem diese kantische Grenzbestimmung zur Einsicht kommt, wäre nicht mehr imstande, einen transscendentalen Gebrauch mit dem allein zulässigen empirischen zu verwechseln. Wie sollte nun der Urheber der Kritik selbst in diese Versuchung geraten? Er, der alle Irrtümer der Metaphysik nicht bloss „censiert", sondern sie bis auf den Grund beleuchtet, macht uns von einem Selbstbetruge frei, dessen Schein die Menschheit seit Jahrtausenden äfft; muss man dieser Thatsache gegenüber nicht vorsichtig werden? Das allein von der Vernunft beherrschte Reich der Philosophie ist eine freie Republik, in der keine andere Autorität gilt, ausser der Vernunft selbst. Heisst es nun die Kritik selbst aufgeben, das eigene Urteil zurückstellen, wenn man lange und geduldig jenem unvergleichlichen Denker gegenüber sich als Schüler fühlt? Oder hält man es für ein unbedingtes Erfordernis in der Philosophie, dass der Nachfolger immer alles besser weiss als der Vorgänger? Ist diese von so vielen schon gesuchte Originalität wirklich original oder erscheint sie nur so, auf einem Gebiete, das wohl grösserer Deutlichkeit der Resultate aber keiner Erweiterung fähig ist? Man kann doch auf dem Gebiete der Metaphysik nicht von einem Vorwärtsgehen reden, nachdem sich alle Möglichkeiten der Betrachtung erschöpft haben. Die metaphysischen Schaumblasen aber zerstieben in dem freien Luftzuge der Kritik; wie kann man auch nur argwöhnen, dass Kant selbst wieder mit jenen Begriffen ins Jenseits wandern mochte, nachdem er erkannt hatte: Sie sind leere Hülsen ohne einen Inhalt, der ihnen gemäss ist, d. h. der durch sie bestimmt und eben nicht bloss gedacht werden kann. Was ist eine Ursache, die man nicht behufs möglicher Erfahrung erkennen, was ist eine Substanz, die man nur denken und für die man auf nichts Beharrliches in der empirischen Anschauung, sei es im Raume (Materie) oder im inneren Sinne (das denkende, in der Zeit beharrende Ich) verweisen kann? Sieht man denn nicht, dass der reine Verstand, für sich gedacht, eine mögliche Abstraktion und gar nichts anderes ist, während auch sein empirischer Gebrauch durch diese Einsicht erst von einem Ballast des schweren Irrtums frei wird?

Noch seltsamer als der alte Vorwurf, Kant habe die selbstfestgestellten Grenzen der Erkenntnis nicht immer respektiert, ist der wesentlich neuere, der unter wenig respektvollen Insinuationen einen Konflikt der beiden Auflagen behauptet. Kant soll hier Konzessionen gemacht haben, die den Geist des Systems verleugnen. Derselbe Mann, der länger als 10 Jahre mit sich zu Rate ging, ehe er sein Riesenwerk vollendet der öffentlichen Kritik preisgab, soll seine ganze Gedankenarbeit missverständlichen Einwürfen geopfert haben! Während wir noch damit ringen, das Verständnis der ganzen Kritik von neuem zu erwerben, sollten wir auch der Versuchung widerstehen, uns voreilig in einzelnen Fragen über sie zu erheben. Man kann dabei ganz in suspenso lassen, ob man sich der Lehre Kants gefangen geben müsse oder nicht. Es fragt sich hier ja nur: ist Kant sich treu geblieben oder nicht? Das zu beurteilen reichen die Kriterien der Logik aus, gegen die in der eigenen Lehre zu verstossen der Schöpfer der Kritik weniger fähig war, als wir anderen Sterblichen alle, die wir erst um den Besitz Kantischer Gedanken uns bemühen müssen.

Der Auflagenstreit setzt wesentlich bei folgendem Punkte ein. An die Stelle des vierten „Paralogismus der Idealität" ist in der zweiten Auflage eine „Widerlegung des Idealismus" getreten, die von Kant in die Mitte eines Kapitels der Analytik eingefügt ist. Schon diese Platzverschiebung, die von der rationalen Psychologie zur eigentlichen Theorie der Erfahrung hinführt, hätte Missverständnisse verhüten sollen. Die „Widerlegung" folgt dem Postulate der Wirklichkeit, des Daseins der Dinge als Erscheinungen. Das Schema der Wirklichkeit ist das Dasein in einer bestimmten Zeit. Was sich diesem Schema einordnen oder mit seiner Hilfe den Kategorien subsumieren lässt, kann niemals ein Ding an sich sein; denn darin würde schon ein Widerspruch liegen. Das Ding an sich ist ja begrifflich bestimmt als ein Etwas, dem nur negative Merkmale zuzusprechen sind. In diesen Negationen löst sich eben die obektive Bestimmbarkeit auf. Wir wissen nur, dass es in der Zeit nicht da ist, dass es nicht existiert als ein bestimmbares Etwas. Es ist ein ens rationis, etwas Intelligibles, und das heisst: etwas

Unerfahrbares. Jenes Postulat fordert aber für die Möglichkeit der Erfahrung d. h. für die objektive Verknüpfung unserer Vorstellungen ein Dasein; es lautet:

„Was mit den materialen Bedingungen der Erfahrung (der Empfindung) zusammenhängt, ist wirklich."

Alle Erkenntnis von Gegenständen ist dadurch bedingt, dass sie uns als Erscheinungen gegeben und also unserer Wahrnehmung — sei es unmittelbar oder nur im Zusammenhange mit möglichen Wahrnehmungen — zugänglich sind. Wie einem jeden empirischen Begriffe die Wahrnehmung vorhergeht, so reicht umgekehrt „unsere Erkenntnis vom Dasein der Dinge" so weit als „Wahrnehmung und deren Anhang nach empirischen Gesetzen" noch zulangt.

Man sieht, dass die Stelle, an der Kants „Widerlegung des Idealismus" auftritt, sich einer Terminologie bedient, die auf das gewöhnliche Bedürfnis notwendig Rücksicht nimmt. Das Ding an sich als solches ist immer nur ein Gegenstand der Metaphysik, obwohl es auf Grund naiver Auffassung mit einem erkennbaren Objekte verwechselt wird; der gemeine Verstand wirft so leicht die Frage nicht auf, was an sich existierende Dinge wohl sein möchten, er scheidet von seinen Dingen nicht andere, die erst eine „wahre", unabhängig vom Subjekt gedachte Wirklichkeit besitzen. Wir werden also auf jene Terminologie Rücksicht nehmen müssen, wenn wir nicht in den Fehler verfallen sollen, den man im sophisma figurae dictionis begeht.

Der Zusammenhang jenes Postulats der Wirklichkeit mit unserer Frage wird schon in den Paralogismen der ersten Auflage festgestellt, wo Kant schreibt: „Aus Wahrnehmungen kann nun entweder durch ein blosses Spiel der Einbildung oder auch vermittelst der Erfahrung Erkenntnis der Gegenstände erzeugt werden. Und da können allerdings trügliche Vorstellungen entspringen, denen die Gegenstände nicht entsprechen, und wobei die Täuschung bald einem Blendwerke der Einbildung (im Traume), bald einem Fehltritte der Urteilskraft (beim sogenannten Betruge der Sinne) beizumessen ist. Um nun hierin dem falschen Scheine zu entgehen, verfährt man nach der Regel: „Was mit einer Wahrnehmung nach empirischen Gesetzen zusammenhängt, ist wirklich." (Kirchmann S. 701.)

Diese Gedanken kehren auch in den Prolegomenen wieder. Kant redet von „Vorstellungen", denen die „Gegenstände" nicht entsprechen; trügliche und richtige Vorstellungen werden von einander geschieden, indessen hatte Kant als empirischer Realist das Recht, die Sprache des naiven Realismus zu sprechen. Ein Rückfall in eine naive Auffassung war für ihn dabei ausgeschlossen, aber Kant hätte nicht der nüchterne, jeder Art der Schwärmerei abholde Philosoph sein müssen, wenn es ihm nicht von vornherein mit dem empirischen Realismus, der natürlichen Auffassung dieser Wirklichkeit, Ernst gewesen wäre. Man legt heute wie früher häufig einen Idealismus in seine Auffassung hinein, der mit Kantischem, kritischem Idealismus nur den Namen gemein hat. Lehrt dieser Idealismus die empirische Realität verstehen, so macht die Vermengung mit jenem anderen sie wieder zweifelhaft. Fast alle Einwürfe gegen die Kantische Raumlehre tragen den Stempel des Missverständnisses an der Stirn; empirische und transscendentale Argumente wirbeln dabei bunt durcheinander.

Trug und objektive Wahrheit im einzelnen Fall von einander zu scheiden, lässt Kant Sache der Urteilskraft, das heisst des gesunden Verstandes sein; der Verstand giebt Gesetze, sie anzuwenden ist Sache des Gebrauchs. Nur für die von Kant bekämpften Spielarten des Idealismus erwächst aus der Unsicherheit aller Schlüsse auf bestimmte Ursachen eine allgemeine unlösbare Schwierigkeit, die für den formalen Idealismus nicht mehr existiert. Das allgemeine Verhältnis der Gegenstände zum Erkenntnisvermögen, die Modalität, unter der wir sie denken, ist nicht kausaler Natur; der transscendentale Realist macht hingegen äussere Erscheinungen zu Dingen an sich, die „unabhängig von unserer Sinnlichkeit existieren, also auch nach reinen Verstandesbegriffen ausser uns wären". Vom transscendentalen Realismus zum schwärmerischen Idealismus führt aber nur ein Schritt. Wer mit dem Kausalbegriffe die Existenz äusserer Dinge allgemein erschliessen will, gerät notwendig in Zweifel. Er glaubt diese Existenz allenfalls, da er sich mit den Dingen wohl oder übel abfinden muss, aber er sieht ihre

Möglichkeit nicht ein. Der Cartesische Idealismus ist von dieser Art; nur das cogito ist unmittelbar gewiss, ein als Ausgangspunkt wertvoller Gedanke, der die Kantische Lösung des Problems als Keim in sich trägt. Aber Kant hat nicht nötig, aus dem Selbstbewusstsein herauszugehen, um auch das Dasein äusserer Gegenstände einzusehen, während jener „alle unsere Vorstellungen der Sinne unzureichend finden (muss), die Wirklichkeit derselben gewiss zu machen". Durch die transscendentale Idealität des Raumes war der „strengste Idealist" mit seiner Forderung eines Beweises dafür abzuweisen, „dass unserer Wahrnehmung der Gegenstand ausser uns (in strikter Bedeutung) entspreche". Diese Forderung ist damit eben als sinnlos erwiesen; in diesem „ausser uns" kann es für unsere Wahrnehmung überhaupt nichts mehr geben, nachdem wir die Vorstellung des Raumes abgesondert haben. Mit dem empirischen Idealismus, der sich auf innere Erfahrung beruft, war hingegen eine Auseinandersetzung möglich.

Der „problematische", „gründliche und einer philosophischen Denkungsart gemässe" Cartesische Idealismus wird von Kant widerlegt; die zweite Auflage hat hier dasselbe Problem, mit dem allein der „Paralogismus" der ersten Auflage und die Prolegomena befasst waren. Nur der formale Idealismus lässt einen empirischen, nicht auf einem Bein stehenden oder hinkenden Realismus zu. Bei diesem Dualismus Kants fällt „jede Bedenklichkeit weg, das Dasein der Materie ebenso gut auf das Zeugnis unseres blossen Selbstbewusstseins anzunehmen und dadurch für bewiesen zu erklären, wie das Dasein meiner Selbst als eines denkenden Wesens". (K. S. 697.)

Jene Cartesische Skepsis wird in den „Paralogismen" noch besonders gewertet. Einmal warnt uns Kant durch sie, „in der gemeinen Erfahrung die Augen wohl aufzuthun", fürs andere stellt er fest, wie ihre Unfähigkeit, die Realität der Aussenwelt zur Einsicht zu bringen, mit Notwendigkeit zur Unterscheidung von Dingen an sich und Erscheinungen führe[1]). Der skeptische Idealismus

---

¹) In dem Begriffe der Erscheinung liegt schon
1) dass sie nur wirklich ist in Beziehung auf ein Subjekt, dem sie zugehört;

nötigt uns, „die einzige Zuflucht, die uns übrig bleibt, nämlich zu der Idealität aller Erscheinungen, zu ergreifen, welche wir in der transscendentalen Aesthetik unabhängig von diesen Folgen, die wir damals nicht voraussehen konnten, dargethan haben". (K. S. 703.)

Was lässt nun dieser Idealismus als logische (problematische) Möglichkeit zu? Offenbar nur: Unsere Wahrnehmung von äusseren Gegenständen kann eine allgemeine Täuschung sein, wir haben von ihnen vielleicht nur Einbildung oder Erdichtung, nicht aber Erkenntnis das heisst Erfahrung. Traum, Sinnestäuschung, Phantasiegebilde stützen diese problematische Möglichkeit, freilich nur scheinbar; denn sie selbst sind nur möglich, wenn dem Hirngespinst Erfahrungen realer Natur vorangegangen waren. Auch hierüber war man schon vor Kant völlig im klaren. Es handelt sich also um die Frage: Kann man die Möglichkeit unserer äusseren Erfahrung von realen Gegenständen zur Einsicht bringen, so dass auch der Traum und andere Erzeugnisse unserer reproduktiven Einbildungskraft als sekundäre, aber bei normalem Urteil leicht

---

2) dass sie einem Grunde zugesprochen wird, der von ihr wesentlich verschieden ist.

Der transscendentale Idealismus lehrt, dass wir immer nur Erscheinungen erkennen, jenen Grund aber nur denken. Die Erscheinung ist also immer Wirkliches; die Frage unserer Sonderbetrachtung lautet nur: Sind alle Erscheinungen nur im inneren Sinne oder auch im Raume vorgestellt? Die innere Vorstellung beziehen wir empirisch auf das Subjekt, die Seele; als Gegenstand der Erkenntnis ist sie das Objekt der empirischen Psychologie; die äussere Vorstellung beziehen wir auf empirische Objekte, auf Körper, sie sind der Gegenstand der Physik. In beiden Erfahrungswissenschaften ordnen wir immer in den Sinnen Gegebenes den Verstandesbegriffen mittels des Schematismus unter. Jener transscendentale Grund aber wird nur gedacht, er ist blosser Begriff und das transscendentale Objekt bleibt deshalb immer unbestimmt. Hätten wir die gesamte Erscheinungswelt, die uns gegebene Wirklichkeit erkannt, so wäre dennoch die Frage nach ihrem transscendentalen Ursprunge noch ungelöst. Hätten wir auch nicht bloss Hypothesen, sondern Sicherheit über die Entwicklung unseres Weltsystems, so bliebe uns dennoch die unlösbare Frage, die das an sich Seiende angeht. Nur die naive Betrachtung der Dinge verwechselt den Gegenstand der Erkenntnis mit dem an sich seienden Dinge, dem Unerforschlichen, das uns nie gegeben werden kann. Die Kritik scheidet beide — um der Möglichkeit der Erfahrung und der Lösung der Antinomien willen — notwendig.

erkennbare Erscheinungen bestimmt und auf ursprünglich real in der äusseren Anschauung Gegebenes bezogen werden können? Die Entwicklung des Problems ist beiden Auflagen gemein; in der zweiten ändert sich nur die „Beweisart", wenn wir Kant Glauben schenken dürfen. Bedauerlicherweise muss das selbst erst bewiesen werden, und wir wollen uns dieser Aufgabe unterziehen. In Wirklichkeit hat Kant bei der Umgestaltung einzelner Partien der Kritik weder seinen Idealismus preisgegeben, noch seinen Standpunkt um Haares Breite verschoben; er hat auch keinen „Schluss" vollzogen, den die erste Ausgabe perhorresciert hätte. Mit seinem Beweise wird die transscendentale Erkenntnis „vermehrt", insofern er eine Behauptung der ersten Auflage nicht allein auf die Grundgedanken, sondern auch auf die mit Rücksicht auf mögliche Erfahrung evidenten Resultate seines Systems stützt.

Wenden wir uns zunächst den Paralogismen der ersten Auflage zu. Dort steht der folgende Schluss des skeptischen Idealismus zur Kritik:

„Dasjenige, auf dessen Dasein nur als Ursache zu gegebenen Wahrnehmungen geschlossen werden kann, hat nur zweifelhafte Existenz.

Nun sind alle äusseren Erscheinungen von der Art, dass ihr Dasein nicht unmittelbar wahrgenommen, sondern auf sie als Ursache gegebener Wahrnehmungen allein geschlossen werden kann.

Also ist das Dasein aller Gegenstände äusserer Sinne zweifelhaft."

Dieser Schluss wird durch den transscendentalen Idealismus behoben. Die erste Prämisse bezieht sich auf die empirische Bestimmung durch die Kategorie der Kausalität, die zweite aber ist nach der neuen Lehre falsch. Wir wollen möglichst erschöpfend citieren. Kant sagt: „das Dasein der Materie wird ebensogut auf das Zeugnis unseres blossen Selbstbewusstseins (angenommen) und dadurch für bewiesen erklärt, wie das Dasein meiner selbst, als eines denkenden Wesens. Denn ich bin mir doch meiner Vorstellungen bewusst; also existieren diese und ich selbst, der ich diese Vorstellungen habe. Nun sind aber äussere Gegenstände (die Körper) bloss Erscheinungen, mitbin auch nichts anderes als eine Art meiner Vorstellungen, deren Gegenstände[*]) nur durch diese Vorstellungen etwas sind, von ihnen abgesondert aber nichts. Also existieren ebensowohl äussere Dinge, als ich selbst existiere, und zwar beide auf das unmittelbare Zeugnis meines Selbstbewusstseins; nur mit dem Unterschiede, dass

---

[*]) Man achte darauf, dass Kant schon hier Vorstellungen und Gegenstände, auf die sie sich beziehen können, unterscheidet. Man findet ferner in der ersten Auflage der Vernunftkritik: „Nunmehr werden wir auch unsere Begriffe von einem Gegenstande überhaupt richtiger bestimmen können. Alle Vorstellungen haben, als Vorstellungen, ihren Gegenstand und können selbst wiederum Gegenstände anderer Vorstellungen sein. Erscheinungen sind die einzigen Gegenstände, die uns unmittelbar gegeben werden können, und das, was sich darin unmittelbar auf den Gegenstand bezieht, heisst Anschauung. Nun sind aber diese Gegenstände nicht Dinge an sich selbst, sondern selbst nur Vorstellungen, die wiederum ihren Gegenstand haben, der also von uns nicht mehr angeschaut werden kann und daher der nicht empirische, d. i. transscendentale Gegenstand $= x$ genannt werden mag" (K. S. 667). Sowohl äussere Objekte (Körper), als das innere Objekt (meine Seele) werden nur durch Vorstellungen erkannt, d. h. durch die Art, wie an sich unbekannte und ewig unerkennbare Dinge unsere Sinnlichkeit affizieren. Es sind uns also nur Dinge als Erscheinungen gegeben. Der dogmatische Idealismus wird durch die Täuschung der psychologischen Idee bewogen, keine anderen als denkende Wesen anzunehmen. Es scheint ihm so, als sei „das absolute Subjekt selbst in der Erfahrung gegeben". Er macht also Erscheinungen zu Dingen an sich selbst. Durch jenen Schein ist wesentlich die Metaphysik in Irrtümer verfallen, die Physik, die ihren „Probierstein" an der Erfahrung selbst hat, bleibt durch den Abfall Kants „von der gemeinen Meinung" unberührt, so sehr sie auch von Kants Klärung der Begriffe und seiner kritischen Grenzbestimmung Nutzen gezogen hat und noch zieht. Man hat dies vorwiegende Verhältnis zur Metaphysik häufig übersehen und ebenso den Kern der Kantischen Lehre von Raum und Zeit. Namentlich in Untersuchungen über die Formen der Sinnlichkeit kann man oft nur zu deutlich erkennen, dass moderne Schriftsteller den Philosophen nicht verstanden haben. Zu Missverständnissen kann namentlich die Lektüre Berkeleys verleiten, wenn man sich an übereinstimmende Worte und nicht an das hält, was für Begriffe man mit ihnen verbinden soll. Man lese hierüber besonders die Prolegomena, und man mache sich einmal von dem Vorurteil frei, als ob Kant in polemischen Auseinandersetzungen den Rechthaber gespielt habe. Mit der wahren Bestimmung von Raum und Zeit schwinden in der That alle Schwierigkeiten der vorkantischen Erkenntnislehre, zugleich aber ist die Kommensurabilität der Kantischen Lehre mit früheren „Meinungen" aufgehoben. Sie und ihre metaphysischen Resultate verhalten sich wirklich zur Kritik „wie Alchemie zur Chemie oder wie wahrsagende Astrologie zur Astronomie".

die Vorstellung meiner Selbst als des denkenden Subjekts, bloss auf den inneren, die Vorstellungen aber, welche ausgedehnte Wesen bezeichnen, auch auf den äusseren Sinn bezogen werden. Ich habe in Absicht auf die Wirklichkeit äusserer Gegenstände ebensowenig nötig zu schliessen, als in Ansehung der Wirklichkeit des Gegenstandes meines inneren Sinnes (meiner Gedanken); denn sie sind beiderseitig nichts als Vorstellungen, deren unmittelbare Wahrnehmung (Bewusstsein) zugleich ein genugsamer Beweis ihrer Wirklichkeit ist." (K. S. 697.)

Kant scheidet hier deutlich, wie immer, Vorstellungen, die nur in uns sind, die wir nur auf das in der Zeit angeschaute Subjekt beziehen, von der Vorstellung äusserer Gegenstände, die im Raume anzutreffen sind. Alle Vorstellungen sind in uns, aber nicht alle werden auf äussere Gegenstände bezogen. Der empirische Gegenstand heisst ein äusserer, „wenn er im Raume, und ein innerer, wenn er lediglich im Zeitverhältnisse gedacht wird; Raum aber und Zeit sind beide nur in uns anzutreffen." (K.S.699.)

Man wird zugeben müssen, dass Kant durch Missdeutung einiger Stellen der Paralogismen ebenso sehr, als durch Angriffe auf die Kritik bewogen wird, seine „Beweisart" zu ändern. In der Garve-Federschen Kritik findet sich wohl der erste Anstoss zu neuen Bemühungen. Es heisst dort: „Endlich wird aus dem Unterschiede zwischen dem Bewusstsein unserer selbst und der Anschauung äusserer Dinge ein Trugschluss auf die Idealität der letzteren gemacht, da doch die inneren Empfindungen uns so wenig absolute Prädikate von uns selbst, als die äusseren von den Körpern angeben. So wäre also der ... empirische Idealismus entkräftet, nicht durch die bewiesene Existenz der Körper, sondern durch den verschwundenen Vorzug, den die Ueberzeugung von unserer eigenen Existenz vor jener haben sollte" (Götting. Anz. Zugabe 1782 S. 45).

Kant, der übrigens jeden Wink gern beachtete, hatte sicherlich schon über die Verknüpfung äusserer und innerer Anschauung nachgedacht, ehe er aufs neue hierzu besonderen Anlass bekam. Erscheinen doch bei ihm alle Faktoren der Erkenntnis in einer notwendigen Einheit. Wir können keine ihrer Bedingungen realiter isolieren und dürfen niemals die Möglichkeit der Abstraktion mit der Möglichkeit eines selbständigen Gegenstandes verwechseln. Wir trennen Raum und Zeit, aber keine von beiden Formen können wir vom Subjekt realiter geschieden denken. Dass ferner die äussere Anschauung nicht ohne innere möglich, d. h. überhaupt denkbar sei, war leicht zu bemerken; dass es auch umgekehrt so sein müsse, war ein ebenso naheliegender Gedanke. Wie kann er zur Einsicht gebracht werden? Auf diese Frage giebt Kants Widerlegung des Idealismus eine bündige Antwort.

Vergleicht man beide Auflagen auch abgesehen von unserer besonderen Frage, so kann man leicht bemerken, dass in der neuen das transscendentale Verhältnis der beiden Anschauungsformen d. h. ihre Bedeutung mit Rücksicht auf mögliche Erfahrung schärfer daraufhin angesehen wird, wie beide Formen sich gegenseitig bedingen. Schon in den arithmetischen Beispielen für das synthetische Urteilen wird die äussere Anschauung zu Hilfe genommen. In der ersten Analogie der Erfahrung tritt uns derselbe Gedanke in festeren Formen entgegen, der in dem neuen Beweise von der Existenz der Dinge ausser uns den Kern bildet. Man prüft vielleicht einmal beide Auflagen daraufhin; die der äusseren Erfahrung für die innere und ihre Möglichkeit beigelegte Bedeutung hat den Anschein erwecken können, als ob der Idealismus preisgegeben wäre. Nur das eigene Misstrauen in die nicht richtig begriffene Kantische Raumlehre kann zu dieser Anklage führen. Man muss sich selbst noch von dem träumerischen Idealismus nicht ganz losgelöst haben, wenn man an einer strafferen Heranziehung der äusseren Anschauung für die Erfahrung überhaupt Anstoss nimmt. Liegt doch jede Einsicht, die ein festes Band der Erkenntnisfaktoren unter einander angeht, nicht bloss auf dem Wege der Kritik, sondern sie ist ihr eigentliches Ziel. Kant, der die Gabe der isolierenden Einbildungskraft, sofern mit ihr Abstraktionen in ihre Konsequenzen verfolgt werden, im höchsten Masse besass, zeigt in der Kritik mit der Notwendigkeit dieses Verfahrens zugleich auch die Irrtümer, in die die spekulative Vernunft verfällt. Sie soll sich auf Schritt und Tritt bewusst bleiben, dass sie mit ihren Isolationen nicht in eine besondere Welt wandern darf. Bis auf den heutigen Tag wird dagegen gesündigt. — Ein reiner Verstand, eine reine Anschauung sind nichts für sich. Man kann von der Anschauung absehen und behält den reinen Verstand übrig. Aber dieser reine Verstand ist nur eine von uns feststellbare Bedingung der Erkenntnis; er macht möglich, dass wir in der Anschauung Gegebenes bestimmen, aber er bedeutet nichts, wenn wir ihn allein setzen. Verstand regiert in unseren Erkenntnisurteilen, aber eine reine Verstandeswelt ist für das Gebiet des Wissens ein leeres Hirngespinst. Die alte Metaphysik hat ihren Objekten einen reinen Verstand unmittelbar gegenübergestellt; das Ding an sich wäre nur so erkennbar und es ist nur konsequent, es selbst als ein Noumenon bestimmt zu denken. Indessen ist ein solcher Verstand samt seinen Objekten problematisch, während auf der anderen Seite das nur gedachte, nicht angeschaute Objekt als eine Grenze sehr wohl seine Bedeutung erhält. Die transscendentalen Erkenntnisfaktoren auf der einen, das transscendentale Objekt auf der anderen Seite setzen all unserer Forschung sichere Grenzen, bis zu denen wir in unseren Abstraktionen vordringen können; indessen wird weder das erkennende Subjekt, noch das erkannte Objekt als an sich Gegebenes erkannt. Ohne Anschauung sind beide ein Nichts, und man kann sich auch so wenig einen Begriff davon machen, was ein reiner Verstand für sich leisten würde, als man von Wesen etwas wissen kann, die nur mit einem reinen, nicht auf Anschauung gestützten Verstande, ausgerüstet sind.

Es liegt auf der Hand, dass dies alles auch gilt, wenn wir uns Wesen denken wollten, die nur innere Anschauung und die Fähigkeit besitzen, sich eine äussere Anschauung einzubilden. Traute die alte Metaphysik sich zu, Dinge an sich, d. h. dem Verstande allein gemässe Objekte zu erkennen, indem sie sich auf die Mathematik berief, so fingierte sie ein reines, intellektuell d. h. nicht sinnlich anschauendes Subjekt. Wie sie Raum und Zeit in Gedanken vom Subjekt loslöste, so vermochte der empirische Idealismus unsere gesamte äussere Erfahrung um deswillen in nichts aufzulösen, weil man in der Selbstbetrachtung immer nur Erscheinungen des Selbstbewusstseins d. h. Gedanken vorfindet, und weil es keine Mühe macht, von realen äusseren Objekten zu abstrahieren und ihre „Bilder" in der Einbildungskraft entstehen und alle die Verbindungen eingehen zu lassen, die uns eine gesetzmässige Erfahrung vortäuschen. Kant vergilt „dies Spiel, das der Idealismus trieb, mit mehrerem Rechte umgekehrt", wie er nicht ohne Ironie in der zweiten Auflage sagt. Von irgend einer Konzession an den transscendentalen Realismus kann aber gar nicht die Rede sein, wenn er von dem Beweismittel der ersten Auflage, d. h. von dem der Kritik überhaupt Gebrauch macht, um zu zeigen: es ist „Erfahrung und nicht Erdichtung, Sinn und nicht Einbildungskraft, welches das Aeussere mit meinem inneren Sinn unzertrennlich verknüpft". Er liefert einen transscendentalen Beweis, schliesst aber nicht auf das Dasein äusserer Dinge, wie man es von gegebenen Wirkungen auf bestimmte Ursachen thut. Jene Verknüpfung ist vielmehr transscendental, d. h. man kann sie nur mit Rücksicht auf mögliche Erfahrung, aber sofern mit Apodiktizität einsehen. Wer sich wiederum diesem Prinzip der Erkenntnislehre entzieht, mit dem ist überhaupt nicht mehr zu verhandeln; er muss konsequenterweise alle Philosophie, nicht minder aber alle unsere Bemühungen für unsinnig erklären, uns empirische Erkenntnis zu erwerben. Den skeptischen Idealismus trifft das nicht; er erkennt ja die innere Erfahrung an und empfindet als einen Mangel, die äussere Erfahrung nicht als solche begreifen zu können.

Hätte Kant auf das Dasein äusserer Dinge im Sinne der ersten Prämisse jenes von ihm aufgelösten, trügerischen Syllogismus (s. o. S. 428) geschlossen, dann freilich hätte er sein ganzes System mit eigener Hand zertrümmert; kein Wort wäre zu hart, Intelligenz und Charakter des Königsbergers zu verdammen. Wer ohne eine Silbe öffentlichen Bekennens dem Publikum einen solchen Umsturz des eigenen, mit der Wucht einer unerschütterlichen Ueberzeugung und Einsicht vertretenen Systems zumutete, von dem wüsste man nicht zu sagen, ob er mehr Betrüger als Schwachkopf wäre. Man sollte sich aber bedenken, in der Beurteilung Kants den Mustern zu folgen, die in Herders Metakritik und auch in Schopenhauers Kritik vorliegen. Namentlich in der Beurteilung der Kategorienlehre tritt uns heute häufig eine durch nichts gerechtfertigte Ueberlegenheit entgegen;

der ernste Denker erscheint dabei vor unseren Augen wie ein Kind, das sich an seinem Spielzeug erfreut. Kant hatte in den „Paralogismen" der ersten Auflage behauptet, dass „das unmittelbare Bewusstsein das Dasein äusserer Dinge" nach seinem Lehrbegriffe gewährleiste. Auf das in der Wahrnehmung Wirkliche, das Reale, haben wir keinen Anlass durch kausale Verknüpfung allgemein zu schliessen, denn es ist das Gegebene selbst; die Wahrnehmungen, in denen sich der empirische Gegenstand verändert, unterliegen kausaler Verbindung und das Reale in ihnen, das ich beurteile, ist nur meine Vorstellung, es ist mir ebenso gewiss, als ich es mir selbst bin. Man halte sich nur immer gegenwärtig, dass Kant nicht bis zu den letzten Fragen geht, die wir noch denken können, sondern dass er sich menschlich bescheidet. Kants Kritik ist im weiteren Sinne des Worts eine anthropologische Untersuchung und kann gar nichts anderes sein; Transscendentes können wir nicht prüfen. Wir haben ja immer nur die Frage nach dem Uebersinnlichen und können uns keine Vorstellungen davon machen. Welches Recht hätten wir auf sie? Was kann ich wissen? so fragt der sterbliche, sich seiner Grenzen bewusste Mensch, der mit letzten Thatsachen anerkennt, dass weitere Fragen ohne inhaltsvolle Antwort bleiben müssen. Auf transscendentale (ins andere Gebiet reichende) Fragen giebt es nur transscendentale Antworten. Sie sind leer, soweit wir sie nicht anthropomorphistisch mit Einbildungen erfüllen. Wie Raum und Zeit, wie ein in ihnen erkennender Verstand und jenes Gegebensein an sich selbst möglich sind, fragt Kant nicht mehr, wenn er, beherrscht von der Idee einer zum Erkennen bestimmten Menschenvernunft, die kritische Frage stellt: Wie ist auf Grund der unserer Einsicht zugänglichen Thatsachen ein einheitliches Zusammenwirken aller Erkenntnisfaktoren denkbar?

Was steht nun für Kant hinsichtlich unserer Frage in der zweiten Auflage zum Beweis? Hat sich das Beweisthema verändert oder nur, wie der Philosoph behauptet, die „Beweisart?" Hierauf lautet die Antwort durchaus im Sinne des Philosophen, der wie in der Originalausgabe nur beweisen will: „das unmittelbare Bewusstsein garantiert auch das Dasein äusserer Dinge." Beweisgrund für alle synthetischen Sätze a priori ist nur die Möglichkeit der Erfahrung. Wer Erfahrung leugnet, für den gilt dieser Grund nicht. Wäre die Menschheit taub, so hätten wir auch keine Schallgesetze. Wer die Erfahrung anerkennt, muss auch das Recht anerkennen, zu untersuchen, was in ihr liegt. Nun ist im Grunde niemand thöricht genug, die Erfahrung zu leugnen. Selbst der empirische Idealist, der die innere Erfahrung einzusehen glaubt, weil sie sich ihm unmittelbar aufdrängt, behält sich für die äussere nur um deswillen den Zweifel offen, weil er keinen hinreichenden Grund finden kann, sie wie die innere zu verstehen. Dieser Zweifel ist im allgemeinen für unser Verhalten im Leben bedeutungslos, für den sophistischen Skeptiker giebt er aber ein willkommenes Mittel, die Gemüter zu beunruhigen. Bedeutet jener Zweifel einen Mangel philosophischer Einsicht, so kann er auch positiv Schaden stiften. Der Gedanke an böse Dämonen, die mit uns denkbarer Weise ihr Spiel treiben, folgt ihm auf dem Fusse; man kann diese logische Möglichkeit so wenig abweisen, wie die andere, dass die äusseren Sinne nur da sind, den Verstand zu betrügen.

Der empirische Idealismus erkennt wenigstens die innere Erfahrung rückhaltslos an. Für sie wird der Zweifel sinnlos, weil Zweifel selbst schon das Bewusstsein innerer Erscheinungen voraussetzt. Wie wird man nun zeigen können, dass auch äussere Erfahrung wirklich und nicht bloss Einbildung ist? Innere Erfahrung bedeutet nun nicht bloss das leere Bewusstsein, das sich im Ich denke ausspricht; sie schliesst vielmehr die Bestimmung des eigenen Daseins in der Zeit mit ein. Das Cogito ergo sum ist ein empirischer Satz. Wofern aber diese innere Erfahrung selbst nur dann denkbar ist, wenn man äussere als wirklich schon voraussetzt, so kann man nur in chikanöser Weise die philosophische Einsicht bestreiten: dasselbe unmittelbare Bewusstsein, das innerer Anschauung anhaftet, kommt auch der äusseren mit Notwendigkeit zu. Man kann sagen a fortiori, „mit mehrerem Rechte", darf aber nicht vergessen, dass damit nur ein Vorzug kritischer Natur d. h. ein Vorzug in unserer Beurteilung eingeräumt wird. Die einheitliche transscendentale Untersuchung Kants trennt durch Abstraktion, ohne jemals zu vergessen, dass in notwendig verbundenen Faktoren der in einer organischen Vernunft wurzelnden Erkenntnis keiner realiter einen Vorzug vor dem anderen verdient. Nehmen wir ein wichtiges Beispiel. Kant ist der erste Philosoph, der für die Sinnlichkeit die richtige Bestimmung im Erkenntnisvermögen trifft. Erkenntnis verlangt einen Anteil beider Faktoren; aber Kant lässt die Sinnlichkeit dem Verstande vorausgehen, denn ohne Bestimmbares kann es auch Bestimmendes nicht geben. Wäre man Konjekturen geneigt, so dürfte man annehmen, dass Kant aus ähnlichem Gesichtspunkte den Raum der Zeit voranstellt. Zum mindesten liesse sich die Thatsache auf diese Weise begründen.

Jener Kantische Beweis für das Dasein äusserer Objekte findet sich, worauf bereits hingewiesen wurde, inmitten der transscendentalen Analytik; er hat also auch ihre Sprache zu reden, die nur im Raum und in der Zeit erkennbare Dinge, nicht aber Dinge an sich kennt. Kant hat sich darüber in der Einleitung der Analytik bündig ausgesprochen, und die für die Bestimmung des möglichen Gegenstandes Bahn brechende Aesthetik geht ihr voraus. Von solchen Thatsachen darf man sich nicht frei machen. Schon diese Ueberlegung hätte uns die merkwürdige Beanstandung seines Beweises ersparen können.

Der Beweis soll allgemein sein, er soll für alles gelten, was jemals in der Erfahrung äusserlich vorgestellt werden kann, d. h. er muss vom Dasein alles Realen im Raume, der Materie, des Beharrlichen aller äusseren Erscheinungen handeln. Eben dieses Dasein soll a priori d. h. unabhängig von jeder Einzelerscheinung, von allen empirischen Unterschieden, eingesehen werden. Ohne Erfahrung könnten wir freilich ein solches Urteil nicht aussprechen, aber darauf kommt es beim Begriffe des Apriori gar nicht an. Ohne Erfahrung ist überhaupt für uns keine Betrachtung, am wenigsten aber eine transscendentale Theorie dieser Erfahrung selbst, die sie in ihre notwendigen Elemente zerlegt, denkbar. Mit jener allgemeinsten Betrachtung werden alle Berufungen auf unsere Einbildung im Traum und in der Täuschung mit entkräftet. Sie gehören ja als psychologische Erscheinungen selbst mit zur Erfahrung und sind ohne Wirkliches, das ihnen den Stoff liefert, nicht mehr denkbar.

Werfen wir nochmals einen Blick auf die Stelle, an der unser

Beweis in der Kritik erscheint. Jenes Postulat des empirischen Denkens verlangt, dass uns der erkennbare Gegenstand in der Wahrnehmung entweder als gegenwärtig oder im Zusammenhange mit gegenwärtigen Wahrnehmungen gegeben sei. Man stösst auch heute noch hie und da in dieser Frage auf Schwierigkeiten, die mit dem dogmatischen Idealismus verbunden, vom Kantischen aber völlig überwunden sind. Was ist dieser Tisch, an dem ich schreibe, wenn ich das Zimmer verlasse? Man kann darüber völlig beruhigt sein, er bleibt, was er ist und kann nie zum Ding an sich werden, von dem wir oben nichts wissen. Eben das heisst es ja, wenn Kant Raum und Zeit als notwendig mit dem Subjekt verbunden bezeichnet, der Tisch wird nie zum blossen Gedankending, er bleibt immer Etwas, das im Raum und in der Zeit von uns vorgestellt wird, er bleibt immer ein Sinnenwesen, ein Phänomenon, und weil er an seinem Orte vorgestellt wird, ist er so sicher noch dort, als ihn nicht jemand hinwegbefördert. „Auch die magnetische Materie", sagt Kant, gehört zu möglicher Erfahrung, sofern wir „nach dem Leitfaden der Analogien von unserer wirklichen Wahrnehmung zu dem Dinge in der Reihe möglicher Wahrnehmungen gelangen". Man mag sich diesen Gedanken in moderne physikalische Auffassung übersetzen; worauf es ankommt, das ist der Unterschied von Ding an sich und Erscheinung, der ein spezifischer ist und bleibt. Er hätte auch unabhängig von der historischen Entwicklung der Metaphysik festgestellt werden müssen, denn er giebt die Grenzen unseres Erkennens; aber man verkennt den nüchternen Philosophen vollkommen, wenn man sich einbildet, dass es ihm von vornherein mit seinem empirischen Realismus nicht Ernst war. Nur die transscendentale Idealität von Raum und Zeit kann die Wirklichkeit der Erfahrung zur Einsicht bringen; es giebt hier thatsächlich nur einen Weg oder keinen. Kant hat die Lösung in der ersten Auflage gegeben; er konnte sich selbst nicht wieder desavouieren, und er hat es nicht gethan.

Der empirische Idealismus, den Kant in beiden Auflagen bekämpft, kann den haarsträubenden Gedanken nicht zur Ruhe bringen, nach dem die wahrnehmbare äussere Wirklichkeit nicht als solche gegeben, sondern „blosse Vorstellung" d. h. Einbildung sein könne. Die Physik müht sich, eine Gesetzlichkeit objektiver

Natur festzustellen; dieser Gedanke aber vergleicht anthropomorphistisch unser ganzes Leben mit einem Traume, dessen subjektives Erlebnis als innere Erfahrung gesichert, dessen objektive Darstellung aber nicht notwendig eine Verknüpfung der Vorstellungen zu einem **Inbegriff der Erfahrung** für ein jedes Subjekt möglich macht. Als problematischen Gedanken, der nur logisch möglich ist, kann man diese Annahme selbst nicht voll werten. Es gelingt nicht, die Analogie des Traumes uns in absoluter Weise auszumalen, und der naive Mensch hat ein Recht, sich über den Philosophen zu belustigen, wenn er mit diesem Problem nicht fertig wird.

Der **transscendentale** Idealismus sieht in Raum und Zeit notwendige Formen der Sinnlichkeit d. h. **a priori gegebene Anschauungen**: eben deshalb sind Gegenstände für jedes Subjekt in ihnen nicht allein möglich, sondern auch durch apriorische synthetische Funktionen objektiv bestimmbar. Haften aber Raum und Zeit notwendig an unseren Sinnen, so können uns niemals Dinge an sich vorkommen, da allem Erkennbaren eine Stelle im Raume und in der Zeit notwendig zukommen muss, so dass man auch mittelbar — nach den Regeln des Verstandes, den Analogien — auf Wirkliches, das sich gegenwärtiger oder infolge der mangelhaften Sinnesorgane überhaupt der Wahrnehmung entzieht, zu schliessen vermag [2]).

---

[2]) Moderner Missverstand hat aus Raum und Zeit synthetische Funktionen oder gar metakosmische Prinzipien gemacht, da sie doch eine wesentlich anthropologische Bedeutung und zwar als **a priori Gegebenes** haben, in denen erst eine Synthesis nach Verstandesbegriffen möglich ist. In Verbindung mit einem Verstande, der, auf **sinnliche Anschauung angewiesen**, notwendig des Spielraums logischer Möglichkeit bedarf, machen sie Erfahrung als gesetzmässige Erkenntnis verständlich. Die intellektuelle Anschauung würde dieses Spielraums nicht bedürfen, wofern wir uns erlauben, von einer solchen göttlichen, Dinge an sich denkenden, für uns problematischen Intelligenz etwas auszusagen. Aber immerhin können wir einsehen, dass unsere apriorische Sinnlichkeit den **Spielraum logischer Möglichkeit** nötig macht, so dass man auch der Anschauung entgegen **problematisch denken kann**. Viele apagogische Beweise der Geometrie geben dafür um so sprechendere Belege, je einfacher die zu bestimmenden Anschauungen sind. Die **Planimetrie** lehrt: In einem Punkte der Geraden ist nur eine Senkrechte möglich. Wir führen die abweichende Annahme ad absurdum, müssen sie also auch als logisch

Gesteht nun der empirische Idealismus zu, dass man „in Ansehung der Wirklichkeit des Gegenstands des inneren Sinns (der Gedanken)" das unmittelbare Bewusstsein als Beweis ansehen dürfe, so erkennt er strenggenommen die Erfahrung als eine Bestimmung unserer Gedanken durch den inneren Sinn, (d. h. in der Zeit) an. Nun hat aber schon die erste Auflage der Kritik bewiesen, dass Zeitbestimmung selbst undenkbar ist, wenn nicht etwas Beharrliches gegeben ist, das also nicht, wie die Erscheinungen des inneren Sinns, wenn wir sie als solche allein ins Auge fassen, nur Gedanke sein kann. In diesem Falle wäre auch die innere Erfahrung die blosse Einbildung, was man so obenhin problematisch behaupten kann, ohne auch das mindeste darunter zu verstehen.

Jenes Beharrliche ist wirklich nur als Vorstellung, d. h. es kann nicht anders wahrgenommen werden, als im Raume; aber es muss gegeben sein, damit wir a posteriori eine Aussage von ihm machen können. Dieses „Gegebensein" hat nun die erste Auflage so wenig in Abrede gestellt, dass sie uns beständig zu Gemüte führt: Wir denken nichts Bestimmbares mehr, wenn wir in der Abstraktion das Gegebene von dem Mittel frei machen wollen, in dem es allein gegeben werden kann. Man kann sagen, dass die ganze Aufgabe der Kritik sich in dieser Lehre erschöpft: Die Metaphysik hat sich geirrt, wo sie vom Gegebenen Raum und Zeit hinwegnahm und nun mit blossen Gedankenwesen unter Missbrauch der Kategorien spielte. Recht deutlich geht übrigens Kants Entgegenstellung des Wirklichen und des bloss Denkbaren auf der einen, sowie der Gegensatz zum blossen Spiel der Phantasie auf der

---

möglich gelten lassen. Dass in einem Punkte der Geraden zwei Senkrechte möglich sind, kann der Logik nicht zuwider sein, da sie von jedem Inhalt des Urteils absieht. Schon dieses Beispiel beweist, dass Kant recht hatte, als er für die Mathematik andere als bloss logische Kriterien feststellte. Die Bestimmung durch den Verstand setzt eben Bestimmbares voraus. Hätte man Kant nicht voreilig aufgegeben, so wäre andrerseits auch moderne Schaumschlägerei mit logischen Möglichkeiten nicht mehr statthaft. Das problematische Urteil ist selbst Erkenntnisbedingung; es führt in Alternativ-Sätzen oder mehrgliedrigen Disjunktionen zur Bestimmung der Wahrheit. Hat man diese eingesehen, so braucht man es nicht mehr. Die behauptete Unmöglichkeit oder Wahrscheinlichkeit — beides kommt auf dasselbe hinaus — des Kausalsatzes ist ein sprechender Beweis für den Missbrauch logischer Möglichkeit.

anderen Seite aus der folgenden Stelle der Paralogismen in der ersten Auflage hervor:

„Wahrnehmung ist dasjenige, wodurch der Stoff, um Gegenstände der sinnlichen Anschauung zu denken, zuerst gegeben werden muss. Diese Wahrnehmung stellt also (damit wir diesmal nur bei äusseren Anschauungen bleiben) etwas Wirkliches im Raume vor. Denn erstlich ist Wahrnehmung die Vorstellung einer Wirklichkeit, sowie Raum die Vorstellung einer blossen Möglichkeit des Beisammenseins. Zweitens wird diese Wirklichkeit vor dem äusseren Sinn, d. i. im Raume vorgestellt. Drittens ist der Raum selbst nichts anderes als blosse Vorstellung, mithin kann in ihm nur das als wirklich gelten, was in ihm vorgestellt wird, und umgekehrt was in ihm gegeben d. i. durch Wahrnehmung vorgestellt wird, ist in ihm auch wirklich; denn wäre es in ihm nicht wirklich, d. i. unmittelbar durch empirische Anschauung gegeben, so könnte es auch nicht erdichtet werden, weil man das Reale der Anschauung gar nicht a priori erdenken kann." (K. S. 700.)

Man wird sich immer gegenwärtig halten müssen, dass das Wirkliche (das Beharrliche) im Raume Vorgestelltes ist im Gegensatze zu etwas bloss durch Begriffe Denkbarem (einem transscendentalen Gegenstande); es ist schon Erscheinung d. h. im Banne des Subjekts und nicht Ding für sich. Hier haben wir also den Gegensatz des transscendentalen Realismus und des transscendentalen Idealismus. In unserer Frage stehen sich aber diese widerstreitenden Lehrbegriffe nicht unmittelbar, sondern in ihren auf die Erfahrung bezüglichen Konsequenzen als empirischer Idealismus und empirischer Realismus gegenüber, d. h. es ist nur die Frage, ob wir es mit blosser Einbildung von Etwas im Raume oder mit etwas empirisch Realem zu thun haben. Beide Beziehungen werden im Anschluss an unser obiges Citat von Kant in einer Anmerkung nochmals besonders betont: „Man muss diesen paradoxen, aber richtigen Satz wohl merken: dass im Raume nichts sei, als was in ihm vorgestellt wird; denn der Raum ist selbst nichts Anderes als Vorstellung, folglich was in ihm ist, muss in der Vorstellung enthalten sein, und im Raume ist gar nichts, ausser sofern es in ihm wirklich vorgestellt wird. Ein Satz, der allerdings befremdlich klingen muss, dass eine Sache nur in der Vorstellung von ihr existieren könne, der aber hier das Anstössige verliert, weil die Sachen, mit denen wir es zu thun haben, **nicht Dinge an sich, sondern nur Erscheinungen d. i. Vorstellungen sind.**"

Alle Gedanken, die sich in der ersten Auflage auf den empirischen Idealismus bezüglich vorfinden, werden auch in der neuen Widerlegung von Kant in gedrängter Kürze wiedergegeben. Das Postulat der Wirklichkeit erhält einen transscendentalen Beweis, der diese Forderung gegen skeptische Einwürfe sichert. Zeigt Kant hier, dass das „**blosse empirisch bestimmte Bewusstsein meines eigenen Daseins das Dasein der Gegenstände ausser mir**" beweiset, so bekämpft der empirische Realismus die Konsequenzen eines transscendentalen Realismus mit einem überaus einleuchtenden Argumente: Wir würden unsere Gedanken (Erscheinungen des inneren Sinnes) nicht in der Zeit zu bestimmen vermögen, wenn äussere Erscheinungen nicht existierten d. h. aber, wenn auch sie blosse Gedanken wären, die uns nur der innere Sinn, nicht der äussere, vorstellt.

Man achte bei dem Beweise selbst darauf, dass Kant sich nicht auf die blosse Vorstellung des „Ich bin" beruft, d. h. auf das „blosse Bewusstsein, das alles Denken begleiten kann", sondern auf das sich selbst (empirisch) erkennende Subjekt; das Bewusstsein meiner selbst in der Vorstellung Ich ist eine „bloss intellektuelle Vorstellung der Selbstthätigkeit eines denkenden Subjekts", d. h. es ist völlig leer und hat „nicht das mindeste Prädikat der Anschauung". Nur auf Grund möglicher Erfahrung, die als Thatsache wirklich ist, lassen sich transscendentale Beweise führen.

Der von Kant geführte Beweis lautet nun in der von der Vorrede zur neuen Auflage verbesserten Fassung wie folgt:

„Ich bin mir meines Daseins als in der Zeit bestimmt bewusst. Alle Zeitbestimmung setzt etwas Beharrliches in der Wahrnehmung voraus. [Dieses Beharrliche aber kann nicht eine Anschauung in mir sein. Denn alle Bestimmungsgründe meines Daseins, die in mir angetroffen werden können, sind Vorstellungen und bedürfen als solche selbst ein von ihnen unterschiedenes Beharrliches, worauf in Beziehung der Wechsel derselben, mithin mein Dasein in der Zeit, darin sie wechseln, bestimmt werden könne.] Also ist die Wahrnehmung dieses Beharrlichen nur durch ein Ding ausser mir[4]) und nicht durch die blosse Vorstellung eines Dinges ausser mir möglich. Folglich ist die Bestimmung meines Daseins in der Zeit nur durch die Existenz wirklicher Dinge, die ich ausser mir wahrnehme, möglich. Nun ist das Bewusstsein in der Zeit mit dem Bwusstsein dieser Zeitbestimmung notwendig verbunden; also ist es auch mit der Existenz der Dinge ausser mir, als Bedingung der Zeitbestimmung, notwendig verbunden d. i. das Bewusstsein meines eigenen Daseins ist zugleich ein unmittelbares Bewusstsein des Daseins anderer Dinge ausser mir."

An Stelle der eingeklammerten Worte heisst es in der ersten Fassung: „Dieses Beharrliche aber kann nicht etwas in mir sein, weil eben mein Dasein in der Zeit durch dieses Beharrliche allererst bestimmt werden kann." Man sieht, dass die neuere Formulierung bestimmter zum Ausdruck bringt, dass das Beharrliche nicht in innerer, sondern nur in äusserer Anschauung gegeben sein kann, was nicht ausschliesst, dass es, wie jede Anschauung, als Vorstellung nur in mir ist. Man wüsste auch nicht zu sagen, wie man in einem anderen Sinne von unseren Vorstellungen sprechen könnte.

In jener ganzen Deduktion befindet sich kein Satz, der mit irgend einer Stelle der Originalausgabe kollidierte. Setzt die Kritik besondere Erfahrung nicht voraus, um von ihr abzuleiten, so hat sie in der Analytik doch nur die Aufgabe, ihre Möglichkeit allgemein zur Einsicht zu bringen. Das ist eine Pflicht transscendental-philosophischer Untersuchung. Trennt Kant in der ersten Auflage innere und äussere Anschauung, so zeigt er hier zur Evidenz, wie sie verbunden gedacht werden müssen. Aber Anschauung ist bei Kant immer durch Receptivität charakterisiert, ohne Gegebenes bleibt nur die reine Form, ein ens imaginarium, das nicht wahrnehmbar ist. Wo wahrgenommen wird, muss auch Wirkliches gegeben sein: in

---

[4]) d. h. aber im Raume.

unserer Erkenntnis herrscht Spontaneität, aber sie setzt notwendig etwas voraus, dessen sich die bestimmenden, spontan geübten Erkenntnisfaktoren bemächtigen können. Was bloss in innerer Anschauung gegeben werden kann, ist nicht im Raume, sondern nur in der Zeit bestimmbar. Es ist nicht blosser Gedanke, d. h. nicht rein intellektuell, aber es sind doch nur Gedanken, die wir uns vor dem inneren Sinne, d. h. in der Zeit, vorstellen. Und nur von unseren Gedanken als Vorstellungen haben wir innere Erfahrung. Es ist hier von uns derselbe, nur verbale Widerspruch begangen, an dem man Anstoss genommen hat; man kann sagen, dass damit die ganze Kritik missverstanden worden ist.

In der That soll sich ein Widerspruch mit der ersten Auflage in den Worten zeigen: „Also ist die Wahrnehmung dieses Beharrlichen nur durch ein Ding ausser mir und nicht durch die blosse Vorstellung eines Dinges ausser mir möglich." Der Wortlaut kann allerdings dazu verleiten, hier einen Widerspruch festzustellen, aber er ist durch den unzweifelhaft eindeutigen Sinn ohne jede Künstelei zu lösen. Wo die Kritik in den Paralogismen der ersten Auflage von blossen Vorstellungen spricht, da stellt sie fest, dass sie diese von Dingen an sich d. h. Gedankenwesen unterscheiden will; sofern sind die Dinge im Raume „blosse Vorstellungen", ohne dass man von ihnen sagen dürfte, dass sie „blosse Vorstellungen" sind, wie Kant in der „Widerlegung des Idealismus" schreibt, um einen Unterschied zwischen Sinn und Einbildungskraft, der Vorstellung von etwas wirklich Gegebenem und der blossen Einbildung festzustellen. Wofern wir von jemandem sagen, dass er „nur Lehrer" ist, so behaupten wir etwas anderes, wenn wir sagen, dass er „nur Lehrer" ist. Im ersten Falle haben wir in der Einschränkung höher taxierte Berufsarten ausgeschieden, im anderen festgestellt, dass ein Unterschied zwischem diesem Lehrer und anderen seines Berufs besteht. Beide Aussagen können, aber sie müssen nicht von demselben Individuum notwendig gelten. Man kann also ohne Widerspruch von demselben Subjekt das erste Prädikat aussagen, das zweite verneinen.

Unterscheidet Kant innere und äussere Vorstellungen, so

sind beide Vorstellungsarten (im strikten, intellektuellen Sinne) in mir und man wüsste nicht, wo sie sonst sein sollten; Dinge an sich, die man nur denken kann, werden aber nicht vorgestellt, weil sie weder in der einen, noch in der anderen, sinnlich bedingten Vorstellungsart gegeben werden könnten. Wenn Kant also in einem Kapitel, das nur von möglichen Gegenständen handeln kann, von „einem Ding ausser mir" die „blosse Vorstellung eines Dings ausser mir" unterscheidet, so ist er mit keinem Gedanken des vierten Paralogismus der Idealität im Konflikt. Liesse aber Kants Lehre — von allen diesen Betrachtungen abgesehen — diesen Unterschied nicht zu, so müsste man seine Lehre a priori verwerfen, weil sie einen empirischen Realismus nicht mehr behaupten dürfte. Der empirische Idealist nimmt das allgemeine Verhältnis der körperlichen Gegenstände zum Subjekt kausal; eben deshalb kann er zweifeln, „ob alle sogenannte äussere Wahrnehmungen nicht ein blosses Spiel unseres inneren Sinnes sind, oder ob sie sich auf äussere wirkliche Gegenstände als ihre Ursache beziehen". Der empirische Realist, der auf den transscendentalen Idealismus sich beruft, kann aber einsehen, dass und warum er nicht bloss der Wirklichkeit der gegenwärtig erscheinenden Körper sicher ist, er hat auch ein Recht, nach empirischen Gesetzen auf das Dasein von bestimmbaren Objekten zu schliessen, sofern sie nur in einem empirischen Zusammenhange mit seinen Wahrnehmungen stehen.

Mit Recht sagt Kant in der ersten Auflage: Es existieren ebensowohl „äussere Dinge, als ich selbst existiere und zwar beide auf das unmittelbare Zeugnis meines Selbstbewusstseins." Wie er hier nicht von der Wirkung auf eine Ursache schliesst, so geschieht es auch in der zweiten Auflage nicht. Einzig und allein den Mangel eines hinreichenden „transscendentalen" Beweises gesteht er dem Gegner zu. Viel schärfer als in der ersten Auflage wird hier zur Einsicht gebracht: Wir haben nicht bloss äussere Einbildung von Objekten, sie sind uns durch unmittelbares Bewusstsein so sicher, als uns die Bestimmung unseres Daseins in der Zeit ist. Die innere Erfahrung wird somit Beweis- und Erkenntnisgrund für das Dasein der Körperwelt und zwar in derselben Weise, wie Erfahrung überhaupt in der Kritik nach ihrer Möglichkeit den Beweisgrund für alle apriorischen Gesetze des Verstandes abgeben konnte. Hatte Kant ein Recht, in diesem Gange der Untersuchung den einzigen noch möglichen offenen Weg zu sehen, so hatte er auch ein Recht, seinen neuen Beweis als den einzigen zu bezeichnen, der denkbar ist. In seiner Leistung liegt ein Fortschritt und keinerlei Preisgabe eines Prinzips.

Eine schematische Aufstellung der hier in Frage kommenden Begriffe mag immerhin von Nutzen sein; sie wird zur Evidenz zeigen, dass von einem Rückfall in den transscendentalen Realismus nicht die Rede sein kann.

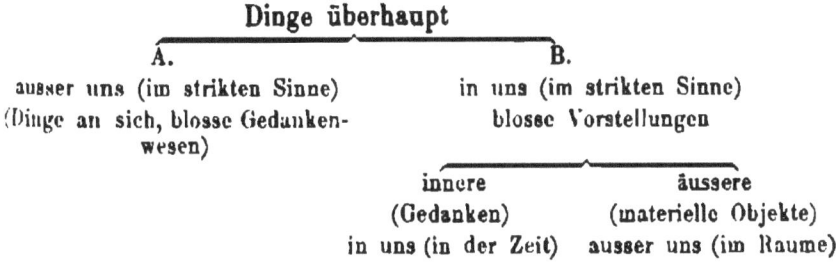

Die unter A figurierenden Dinge an sich hat schon die Aesthetik ausgeschieden, in der Analytik hat man es nur mit den unter B aufgeführten Begriffen zu thun. Sie können also unmöglich in der Analytik einen Gegensatz zur ersten Auflage hervorbringen, da derselbe Unterschied, der unter B sich findet, beiden gemein ist, während die zweite nur problematisch für einen Augenblick den Unterschied aufhebt, um zu zeigen, dass er zum Verständnis innerer Erfahrung notwendig ist.

Für die ganze Kritik d. r. V. ist das Gegebensein der Dinge im Raum charakteristisch. Ein Erzeugen der Welt durch das erkennende Subjekt d. h. eine real und nicht bloss formal produzierende Spontaneität zu lehren, wäre einer vollkommenen Sinnlosigkeit gleichgekommen; es handelt sich ja nur um eine Einsicht in unsere Erkenntnis von Dingen, die wir vorfinden und die wir bestimmen und beurteilen können, obwohl wir auf den ersten Blick das Band nicht bemerken, das uns mit ihnen in einer a priori bestimmbaren, reinen Sinnlichkeit verknüpft. Wir werden aber nicht weiter fragen: Wie ist es nun möglich, dass wir überhaupt im Raum und in der Zeit anschauen? Solche Fragen sind unlöslich. Dass wir aber a priori von beiden Aussagen zu machen imstande sind, scheidet sie selbst von allem, was uns erst die Erfahrung zu lehren hat. Für die Kantische und jede Erkenntnistheorie liegt in der Trennung des Apriori und Aposteriori die letzte Aufgabe. Dieser Unterschied wäre sinnlos, wenn uns nicht Gegenstände in den Formen gegeben wären, die ihre blosse Möglichkeit bedeuten. In der That bedingen sich nach Kantischer Lehre das Apriori und Aposteriori gegenseitig, wie sie sich auch in der bestimmten Erkenntnis des Gegenstands begegnen In der Erfahrung liegt beides, und sie selbst ist die einzige Bedingung für die Anwendung des Intellektuellen. Eben deshalb ist auch nur eine Erkenntnistheorie kritischer Methode möglich. Kants angebliche Rechthaberei entsprang dieser Einsicht. Man kann kritische Erkenntnislehre nicht empirisch treiben, weil man sich dabei immer schon der Faktoren bedient, die man sucht; man muss von vornherein rationale und aposteriorische trennen, ohne jemals zu vergessen, dass wir diese Abstraktion zuvor selbst vollzogen haben.

Nach diesen Bemerkungen wollen wir uns nochmals der ersten Auflage kurz zuwenden. Weicht sie in ihrer Terminologie von der zweiten ab, so dass hier ein Verschulden des Schriftstellers vorliegt? Auch das ist nicht der Fall, vielmehr unterscheidet sie in derselben Weise gegebene Dinge von blossen Vorstellungen, wenn sie z. B. festsetzt: „In allen Aufgaben, die im Felde der Erfahrung vorkommen mögen, behandeln wir jene Erscheinungen als Gegenstände an sich selbst, ohne uns um den ersten Grund ihrer Möglichkeit (als Erscheinungen) zu bekümmern." (K. S. 712.)

Die äussere Wahrnehmung, heisst es in der 1. Auflage, stellt „etwas Wirkliches im Raume vor." (K. S. 700) Wir citieren ferner: „Den empirischen Idealismus, als eine falsche Bedenklichkeit wegen der objektiven Realität unserer äusseren Wahrnehmungen zu widerlegen, ist schon hinreichend, dass äussere Wahrnehmung eine Wirklichkeit im Raume unmittelbar beweise, welcher Raum, ob er zwar an sich nur blosse Form der Vorstellungen ist, dennoch in Ansehung aller äusseren Erscheinungen (die auch nichts anderes als blosse Vorstellungen*) sind) objektive Realität hat; im gleichen, dass ohne die Wahrnehmungen selbst die Erdichtung und der Traum nicht möglich seien, unsere äusseren Sinne also den Datis nach, woraus Erfahrung entspringen kann, ihre wirklichen korrespondierenden Gegenstände im Raume haben." (K. S. 702.) Verbale Widersprüche wären mit Leichtigkeit auch in der ersten Auflage zu entdecken. Darf man aber ein Buch wie die Kritik bloss nach ihren Worten — nicht nach den damit verbundenen Begriffen — beurteilen? Man lese in der ersten Ausgabe hinsichtlich der Materie: „Es mag also wohl etwas ausser uns sein, dem diese Erscheinung, welche wir Materie nennen, korrespondiert; aber in derselben Qualität als Erscheinung ist es nicht ausser uns, sondern lediglich als ein Gedanke in uns, wiewohl dieser Gedanke durch genannten Sinn es als ausser uns vorstellt. Materie bedeutet also nicht eine von dem Gegenstande des inneren Sinns (Seele) so ganz unterschiedene und heterogene Art von Substanzen, sondern nur die Ungleichartigkeit der Erscheinungen von Gegenständen (die uns an sich selbst unbekannt sind), deren Vorstellungen wir äussere nennen, in Vergleichung mit denen, die wir zum inneren Sinn zählen, ob sie gleich ebenso wohl bloss zum denkenden Subjekte, als alle übrigen Gedanken gehören, nur dass sie dieses Täuschende an sich haben, dass, da sie Gegenstände im Raume vorstellen, sie sich gleichsam von der Seele ablösen und ausser ihr zu schweben scheinen, da doch selbst der Raum, darin sie angeschaut werden, nichts als eine Vorstellung ist, deren Gegenbild in derselben Qualität ausser der Seele gar nicht angetroffen werden kann." (K. S. 707.)

Lässt man einer solchen Stelle gegenüber dem behutsamen Philosophen, der nichts als sicher behauptet, was er nicht einzusehen vermag, nicht Gerechtigkeit widerfahren, so kann man ihn zum dogmatischen Idealisten stempeln, der für Dinge an sich (an sich seiende Seele und an sich seiende Aussenwelt) ein monistisches Prinzip (Pneumatismus) behauptet, da er doch nur formaler, erkenntniskritischer Idealist ist und sein will. Und als solcher behauptet er doch nicht mehr, als die unzweifelhafte Thatsache, dass man erkennt, was im Subjekt vorgestellt wird, gleichviel ob das Subjekt vermöge seiner Anschauungsformen in der Erfahrung den Gegenstand nach innen oder nach aussen zu projicieren gezwungen ist. Und doch ist dieser empirische Dualismus nur auf Grund des formalen Idealismus als möglich d. h. als verständlich anzusehen, während der im transscendentalen Sinne behauptete Dualismus ebensowenig zu begründen ist, als seine Gegensätze, der Pneumatismus und der Materialismus. Unterscheidet man ferner nicht in aller Schärfe das „ausser uns" und „in uns" in seiner von Kant festgestellten „Zweideutigkeit", (K. S. 699) während der eindeutige Sinn völlig sicher aus dem Zusammenhange hervorgeht, so kann man dem Philosophen ebensowenig gerecht werden, als wenn man seine Begriffe a priori und a posteriori zeitlich und nicht, wie man muss, im transscendentalen, kritischen Sinne fasst. Das Kantische Wort: „Alle Erkenntnis hebt mit Erfahrung an" kann so im Widerspruche mit den Grundbegriffen des Systems erscheinen und man wird nicht selten bemerken können, dass mit solchen Verwechslungen gegen Kant gekämpft wird.

Wie soll nur Kant mit der ersten Auflage in einen Widerspruch geraten können, wenn er die „objektive Realität der äusseren Anschauung" noch besonders erhärtet, wenn er äussere „Erfahrung" von „blosser Einbildung" scheidet und zwar von absoluter Einbildung? Auch letzteres hat man zu beachten. Mit der empirischen Erscheinung des Traums hat die Untersuchung selbst nichts zu thun. Schon Cartesius hatte ausgesprochen, wie wir den Traum vom Wachsein scheiden. Wir verbinden die Träume im Gedächtnis nie mit den übrigen Handlungen des Lebens, wie wir im Wachsein unsere Erlebnisse aneinanderreihen. Kant tritt, wie die Prolegomena aussprechen, nur „dem bekannten somnio objective sumto" entgegen, der „Unterschied von Schlafen und Wachen" gehört zur empirischen Psychologie, nicht aber in die Transscendentalphilosophie.

Von dem Cartesischen „Beweise" der Körperwelt ist Kants Untersuchung so weit enfernt, wie transscendentale Untersuchung von dogmatischer überhaupt. Schliesslich ist es die Berufung auf

Gott, die hier den Glauben an die Existenz der Aussenwelt, nicht aber eine Einsicht herstellt. „Gott kann nicht täuschen", mit dieser transscendentalen Petition, um nicht Hypothese zu sagen, berief man sich nach dem Prinzip der ignava ratio auf eine Idee, die als vermeintliche Erkenntnis noch weniger verständlich ist, als das, was sie zur Einsicht bringen soll.

Wofern man nun jene beanstandeten Worte (s. o. S. 443) in der folgenden sinngemässen Bedeutung liest:

„Also ist die Wahrnehmung dieses Beharrlichen nur durch ein Ding ausser mir [d. h. im Raume, durch einen wirklichen korrespondierenden Gegenstand (1. Aufl.)] und nicht durch die blosse Einbildung (Erdichtung) eines Dings ausser mir möglich."

so treibt man keinerlei Interpretationskünste, die man für die Kritik d. r. V. nur dann nötig haben wird, wenn man ihre Grundgedanken nicht ganz erfasst hat. Jeder Widerspruch löst sich damit auf, denn Kant sagt damit wirklich nichts weiter, als was die erste Auflage schon immer behauptete: in der Wahrnehmung muss etwas Reales gegeben sein, ein Substrat der Zeit, an dem sich aller Wechsel vollzieht. Ist ohne Erfüllung dieser Bedingung eine Zeitbestimmung undenkbar, so ist auch innere Erfahrung unmöglich.

Man hätte guten Grund, sich gegenüber einem Philosophen von der Peinlichkeit Kants die Frage vorzulegen: Hätte ihm ein so grober Widerspruch, wie ihn der Vorwurf feststellt, wirklich entgehen können? Konnte ein Mann, der das Unzureichende, die unbesiegbaren Verlegenheiten im transscendentalen Realismus klar erkannte, seine ganze Lehre opfern, um einigen Einwänden der Kritik zu genügen? Und wie kommt es nur, dass in einem Gebiete der Erkenntnis, in dem kein Jahrhundert vor dem früheren etwas voraus hat, so viele Zeitgenossen Kants über den Widerspruch so leicht hinweggeschlüpft sind? Liegen nicht Zeugnisse vor, die ein Studium der Kritik beweisen, mit dem sich unser mühseliges Zurückerobern des Verständnisses schon deshalb nicht vergleichen lässt, weil damals das Studium der Kritik leichter und das lebendige Wort des Königsberger Philosophen noch wirksam war? Das sind freilich nur historische Argumente, die man aber für sich nicht ohne Nachteil ausser acht lässt. wenn man noch mit dem Erfassen der Kantischen Gedanken sich abmüht. Wie wenig Kant selbst an neue Missverständnisse gedacht hat, zeigen zur Evidenz die in der Vorrede zur zweiten Auflage zu unserem Thema gehörigen Aeusserungen: „Man wird gegen diesen Beweis vermutlich sagen: ich bin mir doch nur dessen, was in mir ist, d. i. meiner Vorstellung äusserer Dinge unmittelbar bewusst; folglich bleibe es immer noch unausgemacht, ob etwas ihr Korrespondierendes ausser mir⁶) sei oder nicht." Hätte Kant diese Worte schreiben können, wenn er nicht daran festhalten wollte, dass die Vorstellung äusserer Dinge „in mir" ist, so dass Dinge, abgesehen vom Subjekt, „nichts" sind. Nur ist dieses Absehen niemals anders als logisch möglich und eben deshalb sind wir unserer Wirklichkeit im Raume und in der Zeit völlig sicher. Wir können das einsehen, weil Raum und Zeit notwendig mit uns verbunden sind. Kant fährt nach den letztcitierten Worten fort: „Allein ich bin mir Meines Daseins in der Zeit (folglich auch der Bestimmbarkeit desselben in dieser) durch innere Erfahrung bewusst und dieses ist mehr, als bloss mich meiner Vorstellung bewusst zu sein, doch aber einerlei mit dem empirischen Bewusstsein meines Daseins, welches nur durch Beziehung auf etwas, was mit meiner Existenz verbunden, ausser mir ist, bestimmbar ist. Dies Bewusstsein meines Daseins ist also mit dem Bewusstsein eines Verhältnisses zu etwas ausser mir⁶) identisch⁷) und es ist also Erfahrung und nicht Erdichtung, Sinn und nicht Einbildungskraft, welches das Aeussere mit meinem inneren Sinne notwendig verknüpft, denn der äussere Sinn ist schon an sich Beziehung der Anschauung auf etwas Wirkliches ausser mir und die Realität desselben, zum Unterschiede von der Einbildung beruht nur darauf, dass er mit der inneren Erfahrung selbst als die Bedingung der Möglichkeit unzertrennlich verbunden werde."

Wir zitieren so ausführlich, um nachzuweisen, dass unsere Ausführungen den Sinn und die Gedanken Kants in Wirklickkeit treffen.

⁶) d. h. im Raume.
⁷) d. h. es folgt das eine nicht synthetisch z. B. im Verhältnisse von Ursache und Wirkung aus dem anderen.

Kant hat die weggelassenen Abschnitte der ersten Auflage nirgends desavouiert; aber er wollte „der Missdeutung der der rationalen Psychologie vorgerückten Paralogismen" wehren. Dass sie dieser Missdeutung fähig erscheinen, ist unbestreitbar. Sie liegt sogar nahe, wenn man den von Kant beständig ins Auge gefassten zwiefachen Gegensatz unbeachtet lässt. Kant hat sich über diesen Punkt in den Prolegomenen — gegen die Garve-Federsche Kritik gewandt — sehr scharf ausgesprochen. „Dinge aus blossem reinen Verstande" erkennen zu wollen, bedeutet Schein und nur in der Erfahrung ist Wahrheit. Hier haben wir den Gegensatz zum transscendentalen Realismus, der Raum und Zeit für „empirische Vorstellung" hält und damit den Verstand den vom Subjekt unabhängigen Dingen gegenüberstellt, deren Erkenntnis keine Philosophie begreiflich machen kann. Käme sie mit den präsenten Gegenständen allenfalls zurecht, so kann sie doch niemals die mindeste Aussage über die Objekte machen, die sie sich am anderen Orte und in früherer Zeit denkt. Schon unsere Sprache versagt uns hier, wenn wir den transscendentalen Realismus geltend machen wollen. Was bedeutet ein Ding, zu dessen Eigenschaften eine frühere Zeit und ein anderer Ort gehörten? Und wer sollte uns hindern, mit diesen Eigenschaften der Dinge, die wir ihnen an sich zulegen, über alle Erfahrung hinauszugehen. Wo sind hier Grenzen, die wir festzustellen vermöchten? Wir stellen, a priori in den Sinnen dazu ausgerüstet, Gegenstände vor uns hin, wenn sie uns gegeben sind. Sie sind sofern unsere Vorstellungen, aber dieser empirische Realismus hat ein Recht, sich gegen den empirischen Idealismus zu wahren, der nach einer Analogie aus unserer eigenen Erfahrung den Gedanken zulässt, dass man sich die ganze Aussenwelt auch nur einbilden könne. Führt dieser Mangel philosophischer Einsicht auf der einen Seite mit Notwendigkeit zu Kants Abschluss der erkenntnistheoretischen Versuche, so darf man auf der anderen Seite nie vergessen, dass die eingesehene „Möglichkeit unserer Erkenntnis a priori von Gegenständen der Erfahrung" die Möglichkeit, Dinge an sich zu erkennen, ausschliesst, und dass nach der Seite der dogmatischen Metaphysik Kants transscendentaler Idealismus nur verhüten soll, dass man mit seinen Begriffen von Raum und Zeit „über alle mögliche Erfahrung hinausgehe".

Die richtig gedeuteten Worte der Paralogismen vertragen sich auf das vollkommenste mit „der Abänderung der Beweisart" in der zweiten Auflage, die weiter nichts erhärten soll, als die „objektive Realität der äusseren Anschauung". Mit Recht sagt Kant: Es bleibt, „immer ein Skandal der Philosophie und allgemeinen Menschenvernunft, das Dasein der Dinge ausser uns (von denen wir den ganzen Stoff zu Erkenntnissen selbst für unseren inneren Sinn her haben) blos auf Glauben annehmen zu müssen". Die Bankerotterklärung einer Philosophie, die hier dem Zweifel eine Oeffnung beläsat, hindert freilich moderne Skepsis nicht, sich mit der überlegenen Einsicht zu brüsten, dass sich die Wirklichkeit der Welt nicht einsehen lasse. Woher sie diese Einsicht wiederum erhält, erfährt man nicht. Dieser Manifestationseid der Vernunft klingt bescheiden, ist es aber nicht; gewöhnlich ist er mit irgend einer Bemerkung verbunden, die auf den Wissensstolz vermeintlicher Einsicht von oben herabsieht. Der missverstandene Hume pflegt dabei eine Rolle zu spielen, der gegenüber ein Denker von der Bedeutung Kants jede selbständige Bedeutung verliert. Wo indessen Hume nur „einen Funken schlug", da hat Kant ein helles Licht leuchten lassen. Man gewöhne sein Auge an dieses Licht, dann wird man die eigene Vernunft auch in den Irrtümern wieder erkennen, die Kant nicht schlichtweg feststellt, sondern bis zu ihren Quellen verfolgt. Für die „Einstimmung" beider Auflagen leistet schon die Vorgeschichte der Kritik Bürgschaft; in der zweiten liegt ein Fortschritt, aber man kann gern zugestehen, dass man auch die ausgemerzten Partien der ersten nicht missen möchte.

Wer irgend einem Kantischen Beweise der Analytik zuzustimmen vermag, der hat sich auch Kants „Widerlegung des Idealismus" und seinem Beweise gefangen zu geben, der transscendentale Einsicht herstellen und keinen bestreitbaren Schluss von der Wirkung auf eine bestimmte Ursache erschleichen will.

Jener mehrfach berührte verbale Widerspruch bedingt aber keineswegs einen logischen. So wenig, als etwa in den beiden Sätzen

A ist nur B und nicht C
A ist nicht nur B, sondern auch D
ein Widerspruch sich vorfinden müsste. Auf diese Form gebracht, sagt Kant in der ersten Auflage
Die Materie ist blosse Vorstellung, nicht Ding an sich.
und in der zweiten
Die Materie ist nicht blosse Vorstellung, sondern ein reales Objekt.
und diese beiden Sätze kollidieren so wenig, als die anderen:
Kants Lehre ist Idealismus und nicht transscendentaler Realismus.
Kants Lehre ist nicht (empirischer) Idealismus, sondern empirischer Realismus.
Die beanstandeten Sätze sind in voller Harmonie, weil in der Kritik beider Auflagen zum Beweis steht: Apriorische Erkenntnis ist nicht denkbar ohne (gegebene) aposteriorische Elemente, auf die sie sich beziehen kann und muss.

—

II.
Kants „Widerlegung des Idealismus".

Von

Ludwig Goldschmidt in Gotha.

II.

Wir haben in dem vorhergehenden Abschnitte an der Hand der Kritik gezeigt, dass Kants „Widerlegung des Idealismus" die beiden Auflagen des klassischen Buches nicht in Opposition zu einander bringt. Kein Geringerer als der geistvolle Historiker der philosophischen Systeme, Kuno Fischer, behauptet dagegen: Der Widerstreit besteht und „keinerlei Auslegungskunst" vermag ihn hinwegzureden. Seine Ausführungen sollen hier einer objektiven Prüfung unterzogen werden, ohne dass auf die sonstige Litteratur Rücksicht genommen wird. Sind Vernunftwahrheiten nach Kant anonym, kommt es hier nicht darauf an, wer etwas sagt, sondern darauf, was gesagt wird, so ist übrigens auch keine Verletzung der Priorität im Spiel, wenn wiederholt nachgewiesen wird, dass ein vermeintlicher Widerspruch der Kritik sich auflöst. Diesem Zwecke kann aber die absichtlich gewahrte Unabhängigkeit dieser Untersuchung nur dienlich sein. Jener behauptete Widerstreit der beiden Auflagen ist geeignet, die Kritik d. r. V. überhaupt zu diskreditieren. Auch in diesem Punkte hätte Kant sich selbst ein Urteil gesprochen, wenn er Konsequenz als die vornehmlichste Bedingung des Philosophen bezeichnet. Gelingt es aber, zu zeigen, dass der so schwerwiegende Vorwurf der hinreichenden

Begründung entbehrt, so kann das nur die günstige Wirkung haben, dass man im allgemeinen in der Kritik des Kantischen Werks sich einer grösseren Vorsicht bedient, als es heutzutage der Fall zu sein pflegt. — Auf vermittelnde Ansichten nehmen unsere Ausführungen keine Rücksicht. Das Urteil kann nur lauten: Die beiden Auflagen stehen im Widerspruch mit einander, oder es ist nicht so. Wenn die zweite mehr realistisch erscheint oder wenn sie ein idealistischeren Anstrich erhalten haben soll, so sind solche Urteile, wie man leicht einsieht, mehr als verfehlt. Kants Idealismus behauptet, dass Raum und Zeit notwendige Formen der Anschauung sind, und eben deshalb nur den Erscheinungen d. h. möglichen Gegenständen der Erfahrung zukommen können, nicht aber den Dingen an sich. Jenen gehören sie notwendig; kein Sterblicher vermag sich vom Raume und von der Zeit frei zu machen und weil das Niemand kann, so giebt es auch für ihn keine anderen Objecte, als Phaenomena, von denen wir Erfahrung haben. Diese Erfahrung, die als Thatsache wirklich ist, soll in der Kritik zur Einsicht gebracht werden; man kann apriorische, d. h. schlechthin allgemeine Sätze nur als Möglichkeiten für die Erfahrung beweisen. Es kann kein Begriff und kein Satz schlechthin allgemein und von objektiver Realität sein, wenn sich nichts findet oder finden lässt, das ihn realisiert. Kant bestreitet sofern, dass man a priori von Dingen an sich — d. h. im negativen Sinne unräumlichen, unzeitlichen Gegenständen — Erkenntnis haben und mit seinen Begriffen in bestimmter Weise ihr Wesen erschliessen könne. Was soll es nun bedeuten: der Kantische Lehrbegriff der ersten Auflage hat sich gradweise verändert? Das ist völlig unverständlich. Entweder sind Raum und Zeit in der zweiten Auflage für Kant Formen der Anschauung, wie die Kategorien Formen des Verstandes, geblieben oder nicht. Ein Drittes giebt es so wenig, als man vom Kantischen transscendentalen Idealismus eine Brücke zum transscendentalen Realismus oder zum dogmatischen Idealismus zu schlagen vermöchte. Eine Weiterentwicklung in solchem Sinne schlägt die Kritik nach ihrer Natur aus, wenn man nicht den Begriff der Entwicklung missbraucht. Eine Philosophie entwickelt sich nicht weiter, wenn man ihre Grundlehren aufhebt.

Wir wollen nach diesen Vorbemerkungen der „Kritik der Kantischen Philosophie" (1892) von Kuno Fischer, soweit es unser Gegenstand erfordert, Schritt für Schritt folgen. Man liest dort: Kant hat in der ersten Ausgabe der Vernunftkritik gelehrt: „dass die Materie eine blosse Vorstellung sei". Er hat in der zweiten Auflage gelehrt: „dass die Materie keine blosse Vorstellung sei". Die Betonung des Wortes Vorstellung (vgl. o. I S. 443) ist hier in der Antithese nicht markiert; der jeden Widerspruch auflösende Gegensatz, auf den sich jede der beiden Aussagen bezieht, findet sich erst in den Belegstellen. Hier folgen Fischers Citate aus der ersten Auflage für die These: „Wir haben in der transscendentalen Aesthetik unleugbar bewiesen, dass Körper blosse Erscheinungen unseres äusseren Sinnes und nicht Dinge an sich sind." „Ich verstehe aber unter dem transcendentalen Idealismus aller Erscheinungen den Lehrbegriff, nach welchem wir sie insgesamt als blosse Vorstellungen und nicht als Dinge an sich selbst ansehen." Es heisst von dem transscendentalen Idealisten: „Weil er die Materie und sogar deren innere Möglichkeit bloss für Erscheinung gelten lässt, die, von unserer Sinnlichkeit abgetrennt, nichts ist, so ist sie bei ihm nur eine Art Vorstellungen (Anschauung), welche äusserlich heissen, nicht als ob sie sich auf an sich selbst äussere Gegenstände bezögen, sondern weil sie Wahrnehmungen auf den Raum beziehen, in welchem alles ausser einander, er selbst der Raum aber in uns ist. Für diesen transscendentalen Idealismus haben wir uns schon im Anfange erklärt." „Nun sind aber äussere Gegenstände (Körper) bloss Erscheinungen, mithin auch nichts anderes als eine Art meiner Vorstellungen, deren Gegenstände nur durch diese Vorstellungen etwas sind, von ihnen abgesondert aber nichts sind." „Es wird klar gezeigt, dass, wenn ich das denkende Subjekt wegnehme, die ganze Körperwelt wegfallen muss, als die nichts ist, als die Erscheinung in der Sinnlichkeit unseres Subjekts und eine Art Vorstellung desselben."

In allen diesen Beispielen — ohne eine einzige Ausnahme — besteht nur der Gegensatz Erscheinung, Vorstellung und Ding an sich, Sinnenwesen (Phänomenon) und Verstandeswesen

(Gedankenwesen, Noumenon). Immer kehrt der Gedanke wieder: Sondert man die sinnlichen Bedingungen des Subjekts ab, so bleibt nichts übrig, das noch zu erkennen wäre, d. h. aber: Von den so nur scheinbar vorgestellten Gegenständen kann es keine rationale Erkenntnis geben, wie sie von dogmatischer Metaphysik gesucht und behauptet wird. Das nach Abscheidung der Sinnlichkeit von uns gedachte Ding an sich, das Noumenon, ist nur ein ens rationis d. h. „ein leerer Begriff ohne Gegenstand", oder, was dasselbe ist, ein Nichts für unsere Erkenntnis. Man könnte bei oberflächlichem Lesen an einer Stelle Bedenken tragen, ob Dinge an sich gemeint sind; dort nämlich, wo von an sich selbst äusseren Gegenständen geredet wird. Einmal aber kann kein Kenner der Kritik bei diesem „an sich selbst" zweifeln, dass es in unserem Sinne behauptet wird, fürs andere sprechen sich die Paralogismen über die Zweideutigkeit des „ausser uns" so klar aus, dass jede Ungewissheit verschwindet. In diesem „ausser uns" befindet sich bald, was als Ding an sich selbst von uns getrennt (abgesehen von unseren Sinnen) existiert, bald was bloss zur äusseren Erscheinung gehört. Wir vermuten hier nicht, sondern wir sind gewiss, dass alle jene Stellen den von uns behaupteten Sinn haben.

Kant setzt nun schon in den Paralogismen für empirisch äusserliche Gegenstände die Bezeichnung fest: „Dinge, die im Raume anzutreffen sind." Es wird sich also in der Erfahrung selbst immer darum handeln, ob unseren Vorstellungen auch „ein Gegenstand korrespondiere" oder nicht, und hier handelt es sich um die allgemeinere Frage, ob überhaupt unseren Vorstellungen im Raume solche Dinge entsprechen können. Der transscendentale Realist kann das nicht entscheiden, wohl aber der transscendentale Idealist, für den „die äusseren Dinge, die Materie nämlich, in allen ihren Gestalten und Veränderungen nichts als blosse Erscheinungen d. i. Vorstellungen in uns sind, deren Wirklichkeit wir uns unmittelbar bewusst werden".

Kant unterscheidet Arten der Vorstellung, solche des äusseren und inneren Sinnes, die beide „in uns" sind; es kann also gegenüber dem skeptischen (empirischen) Idealismus, der die Erfahrung erwägt, nur die Frage zu entscheiden sein: „Bilden wir uns nicht vielleicht Gegenstände des äusseren Sinnes nur ein?" Gehören sie vielleicht nur zum inneren Sinne? nicht aber die Frage: „Sind die äusseren Gegenstände an sich selbst, von unserer Sinnlichkeit unabhängige Gedankendinge, Dinge an sich, oder nicht?"

Diese Frage ist in der transscendentalen Aesthetik, „der Lehre von den Noumenen im negativen Verstande", entschieden und in der Analytik, im besonderen bei den Postulaten des empirischen Denkens kann nicht von Neuem erwogen werden, was schon vorausgesetzt und längst entschieden ist. Auch in dem Abschnitt: „Phaenomena und Noumena" wird nur eine Summe gezogen. In der Widerlegung des Idealismus soll also nur gezeigt werden, dass wir von „äusseren Dingen auch Erfahrung" und nicht blosse Einbildung haben. Der Blick ist nicht nach einer Metaphysik von transscendenten, rationalen Objekten, sondern nach der empirischen Erkenntnis gerichtet, in der jeder Verstandesgebrauch in den Sinnen gegebene und nicht bloss gedachte Gegenstände voraussetzt. Verknüpfen wir in der Erfahrung nur Wahrnehmungen, so setzt doch jede Wahrnehmung den Gegenstand voraus. — Kant erörtert in dem zweiten Postulat des empirischen Denkens eine allgemeine Voraussetzung aller Erfahrung und daher auch der Naturforschung. Wo man hier entscheiden will, ob man es mit Realität oder mit einem blossen Spiel der Phantasie zu thun hat, muss man immer schon voraussetzen, dass es wirklich äussere Erfahrung gebe; das gilt von der Physik, wie es von der Psychologie zutrifft.

Die Antithese bei Kuno Fischer: „Die Materie ist keine blosse Vorstellung" kann also bei Kant unmöglich die blosse Vorstellung in einen Gegensatz zu einem Ding an sich, d. i. zu einem an sich seienden Gedankenwesen treten lassen. Das ist unzweifelhaft gewiss. Hätte aber Kant in einem solchem Sinne bewiesen, so wäre er allerdings in den transscendentalen Realismus zurückgefallen, was doch wohl dem Begründer des transscendentalen Idealismus zu allerletzt begegnen konnte.

Der berühmte Gelehrte führt zum Nachweis des Widerspruchs den bereits erwähnten Satz an: „Also ist die Wahrnehmung dieses Beharrlichen nur durch ein Ding ausser mir und nicht durch die blosse Vorstellung eines Dinges ausser mir möglich."

Den „buchstäblichen" Widerspruch kann man freilich nicht „wegreden", aber darauf kommt es gar nicht an. Er entschuldigt den Irrtum, den man berichtigen muss. Das „Ding ausser mir" ist hier nur ein Ding im Raume und kein Ding an sich. Auch Kuno Fischer giebt das zunächst zu, denn er fährt fort: „Was demnach die Dinge ausser uns, d. h. die Körper oder die Materie betrifft, so lehrt Kant in der ersten Ausgabe d. Kr.: „dass die äusseren Gegenstände nur durch unsere Vorstellungen etwas sind, von ihnen abgesondert aber nichts sind", dagegen in der zweiten Ausgabe, „dass die Wahrnehmungen nur durch ein Ding ausser mir und nicht durch die blosse Vorstellung eines Dings ausser mir möglich sind." Hier wäre ein Widerspruch doch nur dann möglich, wenn Kant lehrte, dass „Dinge ausser mir (im Raume)" auch ohne unsere Vorstellung etwas wären, d. h., wenn wir unsere Sinnlichkeit von diesen Dingen absonderten, und auch dann noch Erkennbares oder auch nur Räumliches verbliebe. Die Erscheinung wird ja vernichtet, d. h. in Gedanken aufgehoben, wenn der Raum, ihre Bedingung, wegfällt. Im übrigen folgt auch aus dem ersten Satze durchaus nicht, dass durch die blosse Vorstellung äussere Gegenstände wirklich sind. Was nur durch unsere Vorstellung etwas ist, ist ohne sie unmöglich. Mit der Bedingung fällt die Möglichkeit des Objekts, aber die Bedingung bringt darum noch keine Gegenstände hervor. Die Kritik lehrt in beiden Auflagen das Gegebensein, die Realität von Gegenständen, die unseren Vorstellungen korrespondieren, aber sie kann nicht lehren, dass durch blosse Vorstellungen äussere Gegenstände produziert werden. Und das müsste sie behaupten, wenn allgemein die Wahrnehmung durch die „blosse Vorstellung eines Dinges ausser mir" möglich sein sollte. Eben das liegt als Möglichkeit in der Befürchtung des empirischen (problematischen) Idealismus, in Zweifeln, die man heutzutage fast wie einen Zierrat der Philosophie hütet. Wer die Gegenstände im Raume mit Kant als real bezeichnet und sie dabei dennoch durch blosse Vorstellung im Sinne jenes Citats als möglich bezeichnet, der befindet sich in einem Widerspruche mit seinen eigenen Gedanken. Welcher Luxus, hier noch von einer Realität der Aussenwelt zu sprechen, wenn man sie durch blosse **Vorstellung** möglich machen und nach Herzenslust produzieren kann, was man für gut findet! Kants Kritik d. r. V. ist nur eine Lehre von den **Formen** der Erkenntnis: sie untersucht den Anteil des Subjekts, der in allem Erkennen enthalten ist, und den man Vernunft nennt. Die Gegenstände müssen dieser Vernunft, allgemein gesprochen, notwendig gemäss sein — das ist der Kopernikanische Gedanke, aber der ganze empirische Inhalt der Erkenntnis, der von der Kritik mit der Macht der Abstraktion abgeblendet ist, ist kein Produkt des erkennenden Subjekts. Er ist a posteriori, d. h. in der Erfahrung gegeben, und er ist vom Subjekt abhängig, weil er nur in seinen sinnlichen Formen als Erscheinung oder Vorstellung auftreten kann. Die Körperwelt ist keine **Schöpfung** des Menschen; er findet sie vor, wie sie ist, weil ihm der Raum a priori eignet, und er kann sie nur vorfinden, wie er sie selbst in dieser Form auffasst, d. h. als Erscheinung. Der transscendentale Grund dieser Körperwelt wird notwendig gedacht, aber er wird nur gedacht, nicht anders als der meines erkennenden Subjekts selbst. Weder Körper noch Seelen lassen sich realiter von ihren Erscheinungsformen trennen. Die Kritik lässt nur den Gedanken offen: Kann das, was unseren Gegenständen an sich zu Grunde liegt, und was dogmatische Metaphysik a priori zu bestimmen vorgiebt, von anderen Wesen erkannt werden? Sie gemahnt uns daran, dass das erkennende Subjekt in seinen Gegenständen die ihm aufgezwungenen Erkenntnisbedingungen stillschweigend immer voraussetzt. Eben deshalb inventarisiert Kant sie. Man soll sich hüten, sie selbst mit der Macht der Abstraktion hinwegzublenden und sich dann über eingebildete „Objekte" den Kopf zu zerbrechen. Auf der anderen Seite aber hat man kein Recht, jene offene Frage zu verneinen. Das wäre anthropomorphistische Ueberhebung.

Sehen wir nun auf den Sinn der streitigen Worte, so behauptet die von Kuno Fischer aus der zweiten Auflage citierte Antithese:

Die Wahrnehmung der Materie ist nicht verständlich, man kann sie nicht einsehen, wenn nicht ein Ding ausser mir existiert d. h. mit den materialen Bedingungen der Erfahrung — der Empfindung — zusammenhängt. Die blosse **Vorstellung** eines Dings ausser mir kann diesen Zusammenhang mit Rücksicht auf mögliche Erfahrung d. i. objektive Erkenntnis nicht möglich machen.

Hingegen sagt die These aus der ersten Auflage nur: Nur sofern die äusseren Gegenstände meine Vorstellungen (Sinnen- und nicht Verstandeswesen d. h. nicht Dinge an sich) sind, sind sie etwas; von den Vorstellungen (in der reinen Kategorie) abgesondert, d. h. wenn ich vom Raume abstrahiere, sind sie nichts d. h. blosse Intelligibilia, Vernunftwesen, die man also nicht erkennen kann. Kants Idealismus ist ein formaler: Abgesehen von unseren Anschauungsformen, den Arten unserer Vorstellungen, sind die Dinge nur in unseren Gedanken.

In der These und Antithese Kuno Fischers liegt also nicht der mindeste Widerspruch; sie sind aus demselben Grunde beide richtig, aus dem die dritte und vierte Antinomie in einem positiven Sinne als auflösbar zu denken sind, wenn man die widerstreitenden Begriffe nur in ihrer richtigen Bedeutung nimmt. Nur mit einem Unterschiede: Die Auflösung dieser beiden Antinomien bedeutet nur eine logische Möglichkeit; die Auflösung des von Kuno Fischer festgestellten Widerstreits ist unzweifelhaft gewiss. Kant hat in den beiden zum Urteil stehenden Sätzen dieselben Worte in verschiedener, aber aus dem Zusammenhange völlig eindeutigen erkennbarer Weise gebraucht.

Folgen wir indessen Kuno Fischer weiter; er sagt: „Kant lehrt dort (1. Aufl.): dass die Dinge ausser uns bloss durch unsere Vorstellung etwas, von ihnen abgesondert aber nichts sind, er lehrt hier, dass sie keineswegs durch unsere Vorstellungen, sondern von ihnen abgesondert etwas sind, also unsere Vorstellungen der Dinge ausser uns und diese selbst von einander verschieden; die letzteren mithin von unseren Vorstellungen unabhängige Dinge d. h. Dinge an sich sein müssen."

Der unmittelbare Vergleich Kantischer Worte geht hiermit bei Kuno Fischer in Schlussfolgerungen über, die auf ihre Richtigkeit zu prüfen sind. Indem Kant lehrt, „dass die Wahrnehmung der Materie nur durch ein Ding ausser mir und nicht durch die blosse Vorstellung eines Dinges ausser mir möglich sei", hat er weder behauptet, dass die erkennbaren Dinge abgesondert von der Vorstellung etwas sind, noch darf man das aus seinen Worten schliessen. Der Satz behauptet nur, dass man reale Objekte im Raume nur vorstellen könne, wenn sie existieren, und dass ohne diese Annahme die Möglichkeit auch der inneren Erfahrung d. h. einer Bestimmung des Daseins in der Zeit nicht eingesehen werden könne. Sie existieren dennoch nur, wie sie nun einmal sind, für uns und nicht an sich. Kant unterscheidet auch nicht „unsere Vorstellungen der Dinge ausser uns und diese selbst" in einem transscendentalen Sinne, sofern er die blosse Einbildung der Materie (eine problematische Annahme) abweist, um die Vorstellung von einem realen Objekte, der Materie, die im Raume angetroffen werden muss, zu erhärten, die eben deshalb aber gar nichts anderes als Vorgestelltes sein kann. Derselbe Unterschied, der alltäglich von Jedermann und von der empirischen Psychologie immer erwogen wird, wird hier problematisch für die gesamte Erfahrung angenommen und geprüft. Das blosse Hirngespinst des Traums und der Hallucination wird in allgemeiner Weise von äusseren Vorstellungen realer Natur geschieden; es muss „etwas Beharrliches ausser mir sein, wogegen ich mich in Relation betrachten muss." Diese Relation ist aber nicht die von Ursache und Wirkung, sondern das Verhältnis zum Erkenntnisvermögen selbst, das in den Postulaten des empirischen Denkens allein in Frage kommt. Kant lehrt also nicht, dass die Dinge ausser mir unabhängig von meinen Vorstellungen sind; das kann auch nicht mit Recht in seine Worte hineingelegt oder aus ihnen gefolgert werden. Die Materie steht in bestimmbarer Relation zum Erkenntnisvermögen, eben weil sie nur im Raume denkbar ist; wir mögen noch so tief in ihr Wesen eindringen, so bleibt unsere Erkenntnis immer auf räumliche Beziehungen und auf Verhältnisse eingeschränkt; wir haben es immer mit Substantia Phaenomenon, nie mit Substantia Noumenon zu schaffen. Noumena, Dinge an sich, stehen aber nicht in bestimmbarer Relation zu unserem Erkenntnisvermögen; wir können sie nur durch leere Kategorien denken, sie sind für unsere Erkenntnis weder möglich, noch wirklich. Wer also aus Kants Beweis der

Existenz von Dingen im Raume folgert, dass er Vorstellungen wieder zu Dingen an sich mache, der lässt den Begriff ausser acht, den Kant in dem Worte Noumenon denkt. Nur wenn Kant hätte lehren können, dass durch unsere blossen Vorstellungen von Dingen ausser mir auch solche Dinge wirklich werden, würden sie Dinge an sich sein können d. h. solche Objekte, wie wir sie in intellektueller Anschauung als göttliche Wesen selbstthätig hervorzubringen vermöchten.

Ebenso unzutreffend ist nun die weitere Folgerung Kuno Fischers: „Da nun die Dinge ausser uns im Raume sind, so muss auch der Raum etwas von unserer Vorstellung Unabhängiges sein, was so viel heisst, als den transscendentalen Idealismus von Grund aus verneinen und mit vollen Segeln in den alten Dogmatismus zurückkehren."

Die Kritik will mit ihrem transscendentalen Idealismus lehren, wie Gegenstände der Erkenntnis für uns möglich sind; sie sind als äussere möglich, wenn sie im Raume und eben deshalb im Banne des Subjekts sind. Nun sollen nach Kuno Fischer einmal die „Dinge ausser uns" von unserer Vorstellung unabhängig sein, weil man ihre Existenz von der blossen Einbildung unterscheiden kann, und ferner soll auch der Raum selbst mit in diese Unabhängigkeit verstrickt werden. Hätte Kant die „Dinge ausser uns" in einen Gegensatz zu vorgestellten Gegenständen i. e. Erscheinungen gebracht, so wäre der Gedanke richtig. Wenn wir die „äusseren Gegenstände" nur denken, anstatt sie in unseren mit Raumanschauung ausgestatteten Sinnen vorzufinden, dann kann auch dem Raume Unabhängigkeit von unseren Vorstellungen zugesprochen, oder es kann auch seine empirische Realität bezweifelt oder geleugnet werden. Das aber hat Kant so wenig gedacht, als irgend ein Mensch es zu denken vermöchte, nachdem er den Kantischen Raumbegriff erfasst hat.

Das einmal gefasste Vorurteil wirkt naturgemäss in den ferneren Betrachtungen Kuno Fischers fort. Selbst an den Worten der Vorrede nimmt der Schriftsteller Anstoss, in denen gesagt wird „dass es die Dinge ausser uns sind, von denen wir doch den Stoff zu Erkenntnissen selbst für unseren inneren Sinn herhaben." Da nun nach Kant die „Dinge an sich" den Stoff aller unserer Erkenntnisse liefern sollen, so „figurieren in jener Stelle die Dinge ausser uns als Dinge an sich." Auch diese Bemerkung lässt sich nicht aufrecht erhalten. Die Dinge an sich liefern bei Kant keinerlei Stoff zur Erkenntnis; obwohl sie als transscendentaler Grund der Erscheinungen notwendig gedacht werden. Mit Recht konnte der Philosoph später gegen Eberhard schreiben: „Die Gegenstände, als Dinge an sich, geben den Stoff zu empirischen Anschauungen (sie enthalten den Grund, das Vorstellungsvermögen, reiner Sinnlichkeit gemäss, zu bestimmen) aber sie sind nicht der Stoff derselben". Kant unterscheidet an empirischer Erkenntnis den Stoff und die Form. Die Materie aller Erscheinung, d. h. aller möglichen Gegenstände der Erkenntnis, ist das, was der Empfindung korrespondiert. Diese Materie, der Stoff, kann uns nur a posteriori gegeben werden, und zwar nur durch Gegenstände, die unseren Vorstellungen korrespondieren. Unser Denken bezieht sich aber immer, sei es unmittelbar oder mittelbar auf Anschauungen, d. h. auf die Sinnlichkeit, und nur deshalb erkennen wir niemals Dinge an sich. Wir haben also Gegenstände ausschliesslich durch unsere Wahrnehmung, die uns empirische Gegenstände und mit ihnen den Stoff zu Erkenntnissen liefert. Sagt Kant nun, dass die „Dinge ausser uns" d. h. die Dinge im Raume uns den Stoff zu Erkenntnissen liefern, so bleibt doch immer das Mittel, in dem sie selbst gegeben werden können, die Sinnlichkeit. Wenn der Gegenstand nicht gegeben ist, so erkennen wir ihn nicht; das Ding an sich kann uns nie gegeben werden, es ist überhaupt für uns kein möglicher Gegenstand, es kann also nicht „den Stoff zu Erkenntnissen liefern", wenngleich wir es als transscendentalen d. h. unbestimmbaren Grund der Empfindung denken müssen. Wir beziehen diese in der Erkenntnis niemals auf ein Ding an sich, sondern auf einen erkennbaren Gegenstand. Derselbe Gedanke, der von Kuno Fischer in der zweiten Auflage beanstandet wird, findet sich an vielen Stellen der Originalausgabe vor. Dort heisst es z. B.: „Man mag nun die Empfindungen Lust und Schmerz, oder auch die äusseren, als Farben, Wärme u. s. w. nehmen, so ist die Wahrnehmung dasjenige, wodurch der Stoff, um Gegenstände der sinnlichen Anschauung zu denken, zuerst gegeben werden kann" (S. 700), oder „in diesem Raume ist doch gleichwohl das Reale, oder der Stoff aller Gegenstände äusserer Anschauung wirklich und unabhängig von aller Erdichtung gegeben und es ist auch unmöglich, dass in diesem Raume irgend etwas ausser uns (in transscendentalem Sinne) gegeben werden sollte...." (S. 701). Kant spricht ferner von „Erscheinungen, welche den Stoff zur äusseren Erfahrung ausmachen" (S. 182, vgl. auch S. 408). Die transcendentale Materie, die der Empfindung als Sachheit, Realität im Ding an sich entspricht, ist völlig unerkennbar, ein leerer Gedanke, und man thut Kant unrecht, wenn man ihm imputiert, dass sie zu Erkenntnissen selbst für unseren inneren Sinn den Stoff liefere. Was uns den Stoff zur Erkenntnis liefert, ist immer Erscheinung, und wenn wir das Urteil fällen: „der Stein ist hart", so unterscheiden wir nach Kant die Verstandesform des Satzes von einem Inhalt, der Materie, dem Stoff des Urteils, den die Wahrnemung liefert. Diese Scheidung von Form und Inhalt bedeutet geradezu die Möglichkeit der Vernunftkritik selbst, die von der Mathematik und Logik den Weg lernt, in Gedanken ihren formalen Untersuchungsgegenstand zu isolieren, aber immer im Auge behält, dass sie es mit Abstraktionen, mit „abgezogenen Begriffen", zu thun hat. In der Erfahrung, der einzig möglichen Erkenntnis von Gegenständen, liegen formale und materiale Elemente vereint vor, und da sie ohne einen gegebenen Gegenstand unmöglich ist, der Gedanke an Dinge an sich, sofern man sie in sinnenfreier Realität erkennen möchte, in letzter Linie aber darauf beruht, dass wir unsere Verstandesbegriffe isoliert nur denken können, so kann nicht das Ding an sich den Stoff zu Erkenntnissen liefern, sondern nur das Ding ausser uns, das wir im Raume vorstellen, wofern es gegeben ist.

Eine der wichtigsten Stellen der Kritik legt diesen Gedanken bloss. Sie befindet sich in der ersten Auflage und leitet den Uebergang zur Deduktion der Kategorien ein: „Es sind nur zwei Fälle möglich, unter denen synthetische Vorstellung und ihre Gegenstände zusammentreffen, sich auf einander notwendig beziehen und gleichsam einander begegnen können. Entweder wenn der Gegenstand die Vorstellung oder diese den Gegenstand allein möglich macht. Ist das Erstere, so ist diese Beziehung nur empirisch und die Vorstellung ist niemals a priori möglich. Und dies ist der Fall mit Erscheinungen in Ansehung dessen, was an ihnen zur Empfindung gehört." (S. 134). Dieser Gedanke enthält das Programm, die Idee der ganzen Kritik, nach der sie apriorische Elemente (formale Bedingungen) von einem aposteriorischen (nicht anticipierbaren) Inhalt der Erkenntnis scheidet. „Vorstellung an sich selbst", heisst es ebenda, kann „ihren Gegenstand dem Dasein nach nicht hervorbringen", die Vorstellung ist „in Ansehung des Gegenstands nur alsdann a priori bestimmend, wenn durch sie allein es möglich ist, etwas als einen Gegenstand zu erkennen" (vgl. oben S. 33).

Man kann aus alledem ersehen, dass sich Kant in der zweiten Auflage nur die Mühe nimmt, die Grundgedanken der Kritik dem Verständnis näher zu führen, und man darf überzeugt sein, dass er sich sowohl in der starken Betonung des Empirismus in den Prolegomenen als auch an anderen polemisch auf Einwürfe eingehenden Stellen nur vor Missdeutungen zu schützen sucht. In den zuletzt von uns citierten Stellen bemerke man noch die Unterscheidung von Vorstellung und Gegenstand, die den Idealismus nicht preisgiebt, während dabei ferner klar ausgesprochen wird, dass der Gegenstand den Stoff zur Vorstellung liefern kann, ohne den sie selbst nicht möglich wäre. Was man sich übrigens unter einer objektiven Realität der Dinge ausser uns noch denken kann, wenn man sie nicht von unseren blossen Vorstellungen unterscheiden will, bleibt völlig unergründlich, wofern man nicht mit dem empirischen Idealismus die Möglichkeit erwägt, dass wir als Marionetten von irgend welchen in unserem Inneren spielenden mystischen Leitungsdrähten so bewegt werden, dass wir den Schein der Wirklichkeit äusserer Dinge haben.

Indessen gehen wir weiter. Kuno Fischer schreibt: „Nach der Lehre unsres Philosophen ist unter unseren Erkenntnisobjekten die einzige Substanz, weil der einzige beharrliche Gegenstand, die Materie, die als raumerfüllendes Dasein äussere Erscheinung oder

Vorstellung und nichts anderes ist. Jetzt wird uns in der neuen Anmerkung sehr nachdrücklich und mit gesperrter Schrift das völlige Gegenteil eingeschärft: „Dieses Beharrliche aber kann nicht eine Anschauung in mir sein, denn alle Bestimmungsgründe meines Daseins, die in mir angetroffen werden können, sind Vorstellungen und bedürfen als solche selbst ein von ihnen unterschiedenes Beharrliches, worauf in Beziehung der Wechsel derselben, mithin mein Dasein in der Zeit, darin sie wechseln, bestimmt werden kann." Es ist demnach kein Zweifel, dass an dieser Stelle, um allen Idealismus zu widerlegen und das Dasein der Dinge ausser uns zu beweisen, die Materie als etwas von unseren Vorstellungen Unabhängiges, d. h. als Ding an sich gelten muss." Man wird nach unseren bisherigen Ausführungen zugestehen, dass hier kein Widerspruch zu entdecken ist, wenn er nicht künstlich hervorgerufen wird. Erscheinung oder Vorstellung auf der einen Seite, Anschauung in mir und Bestimmungsgründe als Vorstellungen kann man nicht ohne weiteres in Opposition bringen, da Kant sowohl verschiedene Arten der Erscheinung, als der Anschauung und der Vorstellungen unterscheidet[*]). Die Materie ist wiederum bei Kant als Erscheinung und Vorstellung in Gegensatz zur Substantia Noumenon gestellt, und Kant zeigt, wie der abstrahierte reine Begriff, nachdem man alle Bedingungen der Anschauung aufgehoben hat, dazu verleitet, den Dingen etwas schlechthin Einfaches unterzulegen und die Erscheinungen, wie es Leibniz that, zu intellektuieren, d. h. sie durch blosse Begriffe zu bestimmen. Weil aber Materie nur im Raum sein kann, und im Raume nur Verhältnisse der Dinge erkannt werden, so spricht Kant von einer Materie, die als Erscheinung in einen Gegensatz zu etwas Schlechthin-Innerem der Dinge tritt: „Was wir auch nur an der Materie kennen, sind lauter Verhältnisse (das, was wir

---

*) Wie verschieden bei Kant der Begriff der Vorstellung gebraucht wird, zeigt auch die folgende Stelle: „Da keine Vorstellung unmittelbar auf den Gegenstand geht, als bloss die Anschauung, so wird ein Begriff niemals auf einen Gegenstand unmittelbar, sondern auf irgend eine andere Vorstellung von demselben (sie sei Anschauung oder selbst schon Begriff) bezogen. Das Urteil ist also die mittelbare Erkenntnis eines Gegenstandes, mithin die Vorstellung einer Vorstellung desselben." (Erste Aufl. K. S. 112.)

innere Bestimmungen derselben nennen, ist nur komparativ innerlich), aber es sind darunter selbständige und beharrliche, dadurch uns ein bestimmter Gegenstand gegeben wird." (K. S. 284). Der Begriff des Dings als Erscheinung geht dadurch nicht verloren, aber es kann nicht durch reine Kategorien gedacht und bestimmt werden; ein solches Ding als Erscheinung steht selbst „in dem blossen Verhältnisse von Etwas überhaupt zu den Sinnen". Nur wenn Kant sich gegen diese Gedanken vergangen hätte, könnte man ihm den Vorwurf machen, dass er „allen Idealismus" widerlegt hätte, d. h. im besonderen seinen eigenen, den formalen, der doch weiter nichts besagt, als dass durch unsere Verstandesbegriffe nur um deswillen Erkenntnis von Objekten möglich ist, weil diese Objekte schon den idealen Formen unserer Sinnlichkeit und damit auch der Einheit der Apperzeption gemäss sind. Sofern können diese Objekte als solche existieren, aber sie können nicht als an sich sciende Dinge, die durch blosse Begriffe vorgestellt und bestimmt werden könnten, für uns dasein.

Wenn nun ferner die drei Analogien der Erfahrung lehren, wie aus blossen Vorstellungen Erfahrung nur dadurch werden kann, dass man einen Gegenstand nach seinem Dasein in der Zeit zu bestimmen fähig ist; wenn hierfür die Bedingung festgestellt wird, dass ein Beharrliches, an dem sich aller Wechsel vollzieht, existiert, wenn das „Beharrliche das Substratum der empirischen Vorstellung der Zeit selbst" genannt wird, wenn ferner Vorstellungen selbst als blosse Vorstellungen einer Bestimmung durch Etwas bedürfen, dem sie inhärieren, warum soll man die blosse Vorstellung nicht von dem unterscheiden dürfen, das sie erst in der Zeit bestimmbar macht? „Indessen ist es doch, vermöge der Bedingungen des logischen Gebrauchs unseres Verstandes, unvermeidlich", sagt Kant in der ersten Auflage der Kritik „dasjenige, was im Dasein einer Substanz wechseln kann, indessen, dass die Substanz bleibt, gleichsam abzusondern und in Verhältnis auf das eigentliche Beharrliche und Radikale zu betrachten. daher denn auch diese Kategorie (Substanz) unter dem Titel der Verhältnisse steht, mehr als die Bedingung derselben, als dass sie selbst ein Verhältnis enthielte." (K. S. 205.)

Und es besteht kein anderer Grund für Kant und Jedermann, Vorstellungen von dem zu trennen, was sie in der Zeit bestimmbar macht. Aber wiefern folgt aus der **Unterscheidung**, wie Kuno Fischer behauptet, die reale **Unabhängigkeit**? Wir unterscheiden Blitz und Donner, werden sie dadurch von einander unabhängig? Der Blitz ist die Bedingung des Donners, und doch bleibt die Einheit der physikalischen Erscheinung unangetastet, wie bei Kant Raum und Zeit, Sinnlichkeit, Verstand und Vernunft unterschieden werden, ohne dass man vergessen sollte, wie sie in einem organischen Gliederbau sich gegenseitig bedingen. Das kann die ganze Kritik lehren; bliebe von ihr auch keine Spur übrig, die Philosophie hätte von ihr Unterweisung genug durch die Maxime: Abstraktion und die in ihrem Gefolge sich nötig machende Unterscheidung sind nur für Euren logischen Gebrauch! Man soll nicht vergessen, dass dadurch nichts vom anderen realiter unabhängig wird, dass man unter Umständen abstrahieren kann und muss. Fast wie ein Vorwurf nimmt sich's zuweilen aus, wenn man von Kants nie versagender Gabe der Distinktion spricht, und doch vergisst der grosse Philosoph nie die Einheit, in der alle seine Unterscheidungen notwendig zusammengehören. Und so hat er auch Recht, wenn er behauptet: Das Beharrliche kann nicht eine „Anschauung in mir" sein, d. h. es kann selbst in meinen blossen **Vorstellungen** nicht enthalten sein, wenn es dafür die Bedingung ist, dass aus blossen Vorstellungen Erfahrung d. h. in der Zeit bestimmte Vorstellung und so „Traum und Wahrheit" unterscheidbar wird.

Selbst die sehr treffende Unterscheidung Kants: „**Die Vorstellung von etwas Beharrlichem im Dasein ist nicht einerlei mit der beharrlichen Vorstellung**" findet bei Kuno Fischer keine Anerkennung. Es ist die Unterscheidung einer transscendentalen Bedingung von einer empirischen auf einen bestimmten Gegenstand bezogenen Vorstellung. In dem, was wir beharrlich, d. h. dauernd vorstellen, findet ein beständiger Wechsel statt. So ist die beharrliche Vorstellung unserer eigenen empirischen Persönlichkeit „wandelbar und wechselnd"; sie wäre es nicht, wenn ich „mit dem intellektuellen Bewusstsein meines Daseins, in der Vorstellung **Ich bin**, welche alle meine Urteile und Verstandeshandlungen begleitet, zugleich eine Bestimmung meines Daseins durch intellektuelle Anschauung verbinden könnte". Trotz des beständigen Wechsels unserer Vorstellungen, den wohl Niemand in Abrede stellt, haben wir die beharrliche Vorstellung von unserer Seele selbst, die eben beharrend gedacht werden muss. Nur verwechsele man nicht wieder den Gedanken dieser Beharrlichkeit der Seele mit den Behauptungen und sie selbst mit dem Gegenstande der rationalen Psychologie. Die Beharrlichkeit der Seele kann nur für das Leben und nicht für den Tod behauptet werden, aber wir erschliessen sie auf Grund des Substanzbegriffs, also eines apriorischen Begriffs, für dessen reale Bedeutung wir uns auf mögliche Erfahrung berufen. Ohne diese Voraussetzung hätte die empirische Psychologie kein bestimmtes Objekt, so wenig als die Physik, die trotz der wandelnden und wechselnden Materien der einzelnen Objekte und trotz der wandelnden Vorstellungen von der Materie überhaupt die Vorstellung von etwas, das beharrt, immer zu grunde legt. Alles, sagt Kant in der Analytik, „was sich verändert, ist bleibend und nur sein Zustand wechselt. Da dieser Wechsel also nur die Bestimmungen trifft, die aufhören oder auch anheben können, so können wir in einem etwas paradox scheinenden Satze sagen: nur das Beharrliche (die Substanz) wird verändert, das Wandelbare erleidet keine Veränderung, sondern einen Wechsel, da einige Bestimmungen aufhören und andere anheben". Kant sagt mit Fug und Recht, „dass selbst die Vorstellungen von der Materie wandelbar und wechselnd seien" und sich dennoch „auf etwas Beharrliches beziehen, welches also ein von allen meinen Vorstellungen unterschiedenes äusseres Ding sein muss". Die erste Bemerkung ist eine empirische Thatsache, die zweite trifft eine transscendentale Bedingung, ohne die einerseits Erfahrung überhaupt, andererseits selbst innere Erfahrung im besonderen nicht denkbar wäre. Diese transscendentale Bedingung ist vom Range des Kausalbegriffs, und nur eine irregeleitete Vernunft kann in ihr selbst ein empirisches Resultat der Physik sehen, wie das heutzutage nicht selten geschieht. Die empirische Kontrolle kann „die Materien (Substanzen) bei allen ihren Veränderungen und Auflösungen nicht so weit verfolgen, um den Stoff immer unvermindert anzutreffen". Kein Zweifel, dass wir den Begriff der Substanz bei dieser Kontrolle schon mitbringen, und kein Zweifel, dass wir seine Notwendigkeit mit Rücksicht auf „mögliche Erfahrung" und nicht in einer anderen Weise (d. h. mit Rücksicht auf einen transscendentalen, auf Dinge an sich erstreckbaren Gebrauch) einzusehen vermögen. Erfahrung, d. h. die Erkenntnis bestimmter Objekte, wäre undenkbar, wenn dieser Tisch z. B., an dem ich schreibe, sich plötzlich oder allmählich in ein absolutes Nichts aufzulösen vermöchte. Das ist eine problematische Annahme, wie alle dieser Art, die sich auf notwendige Begriffe des Verstandes beziehen. Man spielt heutzutage mit solchen problematischen Möglichkeiten und übersieht dabei häufig, dass sie nur von logischer Bedeutung und von Wert sind, wo sie eine Einsicht herstellen. Könnte man den Zustand, den man problematisch annimmt, einmal ein paar Tage wirklich machen, so würde man mit seinen Verstandesbegriffen hilflos einer grossen Zaubervorstellung gegenüberstehen, wie sie uns von Taschenspielern im Kleinen geboten wird. Man kann seine Beispiele nur aus der Erfahrung nehmen, aber die Analogie zeigt doch, was gemeint ist. Auch der Magie Bellachinis gegenüber gehen die Begriffe nicht verloren, die unserem Verstande inhaerieren, im Gegenteil, nur weil sie uns beherrschen, liegt in dem Gaukelwerk ein gewisser Reiz.

Hat man eingesehen, dass alle jene Begriffe nur in möglicher Erfahrung einen Sinn bekommen können, so versteht man, wie ihr reiner, transscendentaler Gebrauch nach Kantischem Ausspruch kein Gebrauch sein kann. Man hätte ja von allen wechselnden Verhältnissen im Raume abstrahiert und könnte dann sagen, dass die beharrliche Vorstellung zugleich eine Vorstellung eines Beharrlichen wäre; aber sofern denken wir ein Etwas überhaupt im blossen Verhältnis auf den Verstand und haben nun mangels einer intellektualen Anschauung ein Recht uns mit Kant zu fragen, ob wir überhaupt noch etwas oder in Wirklichkeit nichts mehr denken.

Weit gefehlt, dass die Materie ein Ding an sich würde, wenn sie „ein von allen meinen Vorstellungen unterschiedenes und äusseres Ding" sein muss, kann man Kuno Fischer entgegenhalten, dass Materie nur als solches, d. h. als Ding im Raume, das man als empirischer Realist von allen seinen Vorstellungen als solchen unterscheiden muss, phaenomenal sein kann, d. h. dass alle Bestimmungen eines Gegenstandes nur dadurch möglich sind, dass wir die Verhältnisvorstellungen auf etwas Bleibendes im Raume beziehen, das sich verändern, aber nicht verschwinden kann. Eben deshalb haben wir ein Recht, die Materie als ein Ding im Raume von unseren blossen Vorstellungen zu unterscheiden, obwohl wir uns bewusst sind, dass die Materie, wie tief wir auch in sie mit unserer Erkenntnis eindringen mögen, immer nur Erscheinung bleibt, d. h. dass sie niemals anders als im Raume, als Erfahrungsbedingung, und in keinem Falle als lediglich begrifflich bestimmbar gedacht werden könne. Nehmen wir den Raum in Gedanken weg, so haben wir auch sie, als erkennbares Objekt, vernichtet, dann erst bleibt für uns nichts mehr, als der blosse Gedanke übrig.

Sagt Kuno Fischer: „Nach der Lehre unseres Philosophen ist die Materie 1) das einzige beharrliche Objekt und 2) eine blosse Erscheinung oder Vorstellung: sie ist demnach die einzige beharrliche Vorstellung und als solche mit der Vorstellung von etwas Beharrlichen völlig einerlei", so sagt Kant: Die Vorstellung von etwas Beharrlichem im Raume ist die Bedingung dafür, dass unser ohnedies bloss subjektiver Ablauf der Vorstellungen objektiv bestimmbar ist. Die beharrliche Vorstellung von irgend einem Gegenstande, selbst von unserer eigenen empirischen Persönlichkeit und auch von der Materie, kann wechselnd und wandelbar sein, wie alle empirischen Vorstellungen überhaupt, aber sie verliert um deswillen so wenig ihre Beziehung auf ein Bleibendes, als dieses Bleibende die Bestimmung jener wechselnden Vorstellungen in der Zeit möglich macht. Die beharrliche Vorstellung, die jene spiegelnde Eisfläche bietet, ist eine andere als die des Chemikers, wenn er die Formel H_2O ansetzt; Physiker und Chemiker setzen die Möglichkeit äusserer Erfahrung immer schon voraus und damit auch eine allgemeine Vorstellung von etwas Beharrlichem im Dasein überhaupt, das man also von jenen beharrlichen auf einen bestimmten Gegenstand bezogenen Vorstellungen zu unterscheiden ein Recht hat. Der Unterschied würde eben nur dann wegfallen, wenn man die äusseren Erscheinungen zu Dingen an sich machte. Dass wir uns aber — wenn dies gemeint sein sollte — beharrlich die Materie vorstellen, kann weder aus Kantischer Lehre, noch aus irgend einer Philosophie folgen, und zwar aus dem einfachen Argumente, dass keine Lehre, wie sie auch heisse, sich mit empirischen Thatsachen in Konflikt setzen darf.

Nicht genug, dass die Kantische Unterscheidung, die uns vor obigem Wortspiel warnen könnte, die Materie zu einem Ding an sich machen soll, wird nun auch aus ihr gefolgert, dass mit demselben Rechte „die Raumvorstellung und die Vorstellung des Raumes" zu unterscheiden sei, wonach dann „der Raum (ein) von unserer Raumvorstellung verschiedener und unabhängiger Gegenstand derselben d. h. für ein Ding an sich oder für die Eigenschaft eines Dings an sich" zu erklären sei. „Und so wird der Raum wieder, was er bei Descartes gewesen war."

Wiederum wird hier ohne weiteres aus einer logischen Unterscheidung ohne irgend einen sachlichen Grund eine Unabhängigkeit; das geht so wenig bei bloss begrifflicher Trennung an, als es bei irgend einem transscendentalen Unterschiede gestattet ist, aus einer für die Zwecke kritischer Untersuchung unentbehrlichen Trennung die reale Scheidung d. h. ein auch nur mögliches unabhängiges Sein der geschiedenen Elemente herzuleiten. Ferner würde hier, ohne Fixierung der Begriffe, nicht einmal das Analogon der logischen Unterscheidung gestattet sein, wo es sich zunächst nur um eine sprachliche handelt. Die Vorstellung des Raumes kann man von der Raumvorstellung nur trennen, wenn man uns wie Kant in seinem Falle sagt, wie man beide Begriffe verschieden anwenden will. Will man z. B. die Vorstellung irgend eines geometrischen Gebildes eine Raumvorstellung nennen, so hat man das zuvor festzusetzen, sonst wird man nicht verstanden; dass man aber die beiden Worte erst unterscheidet und dann einen Unterschied des Raumes „als eines von unserer Raumvorstellung verschiedenen" und gar von ihr „unabhängigen Gegenstandes" ableitet, und diese ganze Manipulation auf Kantische Rechnung setzt, ist doch eine durch nichts gerechtfertigte Willkür. Man könnte sich bei der ganzen Argumentation mit demselben Rechte darauf berufen, dass Kant eine theologische Moral von einer Moraltheologie unterscheidet. Aber schon sprachlich hat Kuno Fischer das Analogon nicht getroffen, denn beharrlicher Vorstellung im Unterschiede von einer Vorstellung des Beharrlichen entspricht die Trennung einer räumlichen Vorstellung von einer Vorstellung des Raumes, ein auf den ersten Blick verständlicher Unterschied, dem man ebenso den sprachlich analogen eines begrifflichen Raumes und des Raumbegriffs zur Seite stellen dürfte.

Indessen unterscheidet Kant thatsächlich den „als Gegenstand vorgestellten Raum" der Geometrie, eine „anschauliche Vorstellung", „formale Anschauung" von der blossen „Form der Anschauung", die bloss Mannigfaltiges enthält. Man hätte sich viele Irrtümer ersparen können, wenn man immer auf diese Differenz geachtet und ihre Bedeutung zu erfassen gesucht hätte. Kant lässt auch den Raum wie die Zeit a priori in den Sinnen gegeben sein und lässt dennoch erst eine Synthesis im Verstande die Begriffe von Raum und Zeit möglich machen. Da Kant die Möglichkeit der Erfahrung untersucht, alle empirischen Unterschiede abblendet, so hat er es nur mit einem reinen Raume zu thun, der in jeder äusseren Erfahrung nur um deswillen angetroffen wird, weil wir ihn a priori hineinlegen. Dess ist die Mathematik Zeuge. Und auf diesem Apriori-Gegebensein in den Sinnen beruht die ganze Kantische Revolution der Denkungsart, durch die eine Einsicht in die Erfahrung erst hergestellt wird. [Wie wenig bis zum heutigen Tage auch nur die Intentionen der Kantischen Lebensarbeit verstanden sind, dafür nur ein Beispiel. Der philosophische Kritiker einer unserer ersten Tageszeitungen sagt wörtlich hinsichtlich des Raumes (Sonntagsbeilage der Voss. Ztg. No. 29, 1899): „Es giebt hier überhaupt kein Wissen, sondern nur ein Vermuten, ein Erwägen für und wider. und so, dass die Objektivität des Raumes und der Zeit trotz Kant und Schopenhauer höchst wahrscheinlich ist." In diesem „trotz Kant" liegt die Behauptung einer transscendentalen Realität des Raumes als einer „höchst wahrscheinlichen" Hypothese.

Hat sich dieser Kritiker wohl jemals den Begriff der Wahrscheinlichkeit klar gemacht? Wie kann man etwas als höchst wahrscheinlich bezeichnen, das nur durch reine Vernunft entschieden werden kann? Und ein „Erwägen für und wider" ist ihm identisch mit einem blossen „Vermuten". Was sollte dann aber die ganze philosophische Bemühung? Man kann und will sich nicht an die Thatsache gewöhnen, dass einmal ein Philosoph bleibende Wahrheit erkannt und festgestellt hat. Diese Wahrheit ist durch den Gedanken garantiert: von Dingen an sich kann man a priori keine Erkenntnis haben. Der Raum hat keine absolute Realität; sie würde auf Widersprüche führen. Diese Widersprüche sind nicht wahrscheinlich, sondern gewiss. Die Kritik hat sie gehoben, ohne dass Erfahrung sie widerlegen könnte. Es handelt sich dabei um eine einheitliche Auffassung der eigenen Vernunft und Kant hatte ein Recht, sich hier Mutmassungen und Wahrscheinlichkeiten zu verbitten. Eine wahrscheinliche Einsicht in die eigene Vernunft ist so widersinnig, wie ein nur wahrscheinlicher mathematischer Satz. · Es ist eben keine Einsicht.

Der Raum der Geometrie ist also ein a priori gegebener Gegenstand, aber er ist als solcher rein, aus der Gesamterfahrung als a priori erkennbar d. h. bestimmbar um deswillen von der Mathematik herausgenommen, weil er als Anteil des Subjekts erst in die realiter unauflösbare Verbindung von Sinnlichkeit und Verstand, iu die Erfahrung, hineingekommen ist. Kant fragt hier nicht weiter, seine Aufgabe ist damit erschöpft. Indessen hätte ein richtiges Erfassen seiner Gedanken uns viele Probleme erspart, die darauf hinauslaufen, gleichsam die Möglichkeit des Zusammenstimmens eines reinen und eines empirischen Raumes als verschiedener Gegenstände zu erwägen. Diese Frage ist so sinnlos, wie die Erwägung der Möglichkeit des Verstandes selbst, sofern etwa gefragt wird, wie das Identitätsgesetz mit den Dingen übereinkommen könne. Der Raum der Geometrie ist eben unseren Erfahrungen immanent und die in · der Mathematik vorliegende Abstraktion hat nur um deswillen ihre Bedeutung erlangt, weil sie mit Rücksicht auf mögliche Erfahrung ihren Gesetzen immer einen Sinn zu geben vermochte. Der reine Raum ist eben der empirische Raum, aus dem ich alle empirischen Unterschiede mit der Macht des Gedankens und der Einbildung hinwegnehme, und diese dem Mathematiker geläufige Abstraktion ist nur verständlich, wenn der Raum zum Erkenntnisvermögen gehört und nicht zu den Dingen an sich. Er ist von empirischer Realität d. h. der reine Raum liegt in allen unseren Erfahrungen und ist sofern in unserer Sinnenwelt so wirklich, wie das alltägliche Leben uns das lehrt. Wer nun auch den Raum und die Zeit hinwegabstrahiert, behält nichts anderes übrig, als leere Verstandesformen; er ist im Gebiete der reinen Begriffe wie die dogmatische Metaphysik, die jeden Unterschied im Gegenstande aufgehoben und vergessen hatte, dass das blosse Denken der Stütze in den Sinnen entbehrt, die eine Synthesis möglich macht. Genug, alle diese Unterscheidungen hindern die transscendentale Untersuchung so wenig, ein realiter unauflösliches Band zwischen Sinnlichkeit und Verstand in der Erkenntnis zu behaupten, als der Physiker sich das Recht nehmen lässt, Licht, Wärme und Elektrizität zu unterscheiden, obwohl er auf die Erkenntnis ihres Zusammenhangs selbst hinarbeitet.

Raum und Zeit sind beide in den Sinnen a priori gegeben. nicht im Verstande, der sie nur bestimmt. Und weil das so ist, ist auch alles, was wir in ihnen vorstellen, ebenfalls in den Sinnen und nicht bloss im Verstande, d. h. alle möglichen Objekte sind Sinnen- und nicht Verstandes- oder Gedankenwesen. Die vorkantische dogmatische Metaphysik hat von einem „reinen Gegenstande" etwas zu viel hinweggenommen, d. h. unter falscher Wertung der Sinnlichkeit im Noumenon, im Ding an sich, nichts Erkennbares mehr übrig gelassen; da blieb nichts übrig, als diesem Dinge an sich — wie es die Monaden beweisen — wieder etwas anzudichten, das — wie deren Vorstellungen — aus unserer sinnlichen Welt abstammen musste. Und das ganze Spiel beruhte in letzter Linie nur darauf, dass man die Möglichkeit seine Verstandesbegriffe zu unterscheiden mit der Möglichkeit verwechselte, durch sie eine reale Unabhängigkeit bestimmt zu behaupten.

Kant scheidet Zeit und Raum, inneren und äusseren Sinn. innere und äussere Erfahrung. Sie in einem festen Bande zu erkennen, ist ein transscendentaler Fortschritt mit Rücksicht auf die notwendige Einheit, die jeder Vernunftbetrachtung zugrunde liegt, und der Fortschritt ist von derselben Art, den auf empirischem Gebiet unsere modernen Anschauungen über Elektrizität, Wärme, Licht bereits erreicht haben, während die Forschung bemüht ist, diese Einheit, die uns die haushälterische Vernunft mit der Macht der Idee anrät, auch auf weitere Gebiete zu übertragen.

Dass äussere Dinge wirklich sind, heisst nun nach Kant weiter nichts, als dass sie nicht bloss im inneren Sinn, sondern notwendig im Raum anzutreffen sind. Sie sind sofern von Vorstellungen, die nur in mir sind, und überhaupt von allen meinen Vorstellungen als solchen unterscheidbare Dinge, so dass man seine Vorstellungen auf sie als reale Gegenstände beziehen, während man sich im besonderen Falle nach empirischen Gesetzen davon überzeugen kann, ob man es mit einem blossen Hirngespinst oder mit einem realen Gegenstande, den man gleichwohl immer nur vor die Sinne stellt, zu thun hat. —

Wir können nicht zugestehen, dass diese Auffassung von der der ersten Auflage irgendwie abweicht, und wollen nunmehr noch die Kritik des „Syllogismus", des getadelten Schlusses, selbst ins Auge fassen, die sich bei Kuno Fischer findet. Geben wir zunächst ein weiteres Citat Fischers aus der ersten Auflage: „Nun sind alle äusseren Gegenstände (Körper) bloss Erscheinungen, mithin auch nichts anderes als eine Art meiner Vorstellungen, deren Gegenstände nur durch diese Vorstellungen etwas sind, von ihnen abgesondert aber nichts sind. Also existieren ebensowohl äussere Dinge, als ich selbst existiere, und zwar beide auf das unmittelbare Zeugnis meines Selbstbewusstseins, nur mit dem Unterschiede, dass die Vorstellung meines Selbst, als des denkenden Subjekts, bloss auf dem inneren, die Vorstellungen aber, welche ausgedehnte Wesen bezeichnen, auch auf den äusseren Sinn bezogen werden. Ich habe in Absicht auf die Wirklichkeit äusserer Gegenstände ebensowenig nötig zu schliessen, als in Ansehung der Wirklichkeit meines inneren Sinns (meiner Gedanken), denn sie sind beiderseitig nichts als Vorstellungen, deren unmittelbare Wahrnehmung (Bewusstsein) zugleich ein genugsamer Beweis ihrer Wirklichkeit ist."

Aus diesen Worten ist zunächst wichtig, dass zwei Arten der Vorstellungen unterschieden werden, von denen alle äusseren zugleich innere sind, während die Beziehung nicht umkehrbar ist. Ferner wird hier von Arten von „Vorstellungen" gesprochen, „deren Gegenstände nur durch" sie etwas sind; es werden hier also „Vorstellungen" und „Gegenstände" unterschieden, wie ebenso „ich selbst" von meinen Vorstellungen und nicht minder „ausgedehnte Wesen" von Vorstellungen unterschieden werden, die diese „bezeichnen". Worauf es uns aber im besonderen ankommt: hier wird ein Schluss als unnötig bezeichnet. Welcher Art dieser Schluss ist, haben wir bereits mehrfach erörtert, es ist der von einer gegebenen **Wirkung auf eine bestrittene, bestimmte Ursache** gemeint. Ein solcher Schluss wäre unvermeidlich, wenn Raum und Zeit selbst zu den Dingen gehörten, die unabhängig von uns existieren, oder auch wenn sie beide in den Verstand gelegt würden, so dass wieder die unbekannten ausser den Sinnen befindlichen Dinge in ein Verhältnis zum blossen Verstande treten. Denn dann denke ich die Dinge nur und schaue sie nicht mit apriorischen Formen der **Sinne** ausgerüstet an[9]), vielmehr ist mir nur sinnliche Empfindung, d. h. lediglich Subjektives gegeben, das von äusseren Objekten herrühren aber auch völlig eingebildet sein kann. Der von Kant in der zweiten Auflage gegebene Syllogismus ist von völlig anderer Natur und würde in kürzester Fassung so lauten:

Unsere innere Erfahrung ist bedingt durch die äussere, innere Erfahrung ist unmittelbar gewiss, also ist a fortiori die äussere unmittelbar gewiss. Hiermit ist aber das Dasein der Körperwelt bewiesen und zwar auf einen Beweisgrund hin, der an Sicherheit durch keinen anderen übertroffen werden kann. Wir haben also nicht nötig, auf die Körperwelt wie auf eine bestimmte und daher immer bestreitbare Ursache zu schliessen, wenn schon — und so schliesst Kants Beweis — „**das Bewusstsein meines eigenen Daseins zugleich ein unmittelbares Bewusstsein des Daseins anderer Dinge**

---

[9]) Es bedarf wohl keines Hinweises, dass hier nur das Wort Anschauung vom Gesichtsorgan herrührt. Gemeint ist immer die allgemeinere Bedeutung, ein Vermögen der Receptivität, das für die Synthesen des Verstandes die Bestimmungsmöglichkeit in objektiver Weise abgiebt.

ausser mir" ist, oder, wie es in der Anmerkung der Vorrede heisst: wenn die Existenz der Materie „in der Bestimmung meines eigenen Daseins notwendig mit eingeschlossen wird, und mit derselben nur eine einzige Erfahrung ausmacht, die nicht einmal innerlich stattfinden würde, wenn sie nicht (zum Teil) zugleich äusserlich wäre".

Vergleichen wir nun hiermit den Syllogismus, wie ihn Kuno Fischer im Sinne Kants wiedergiebt:

Obersatz: Unsere innere Erfahrung ist abhängig von der äusseren — Mittelsatz: diese von dem Dasein der Dinge ausser uns,

Conclusio: Also sind die letzteren unabhängig von unserer inneren Erfahrung und nicht blosse Vorstellungen.

Wir haben in logischer Ordnung geschrieben. Man sieht mit einem Blick, dass hier der Schluss nur heissen kann:

Also ist innere Erfahrung von dem Dasein der Dinge ausser uns abhängig.

Die Kuno Fischersche Schlussfolge ist also völlig unbegründet: die Unabhängigkeit der Dinge ausser uns von innerer Erfahrung kann aus jenen Prämissen nicht folgen; das „Dasein der Dinge ausser uns" aber schliesst identisch ein, dass sie nicht blosse Vorstellungen (Einbildungen) sind; man wüsste sonst überhaupt nicht, warum Kant in erster und in zweiter Auflage gegen den empirischen Idealismus auftritt, denn dass wir unserer blossen Vorstellungen gewiss sind, hatte niemals jemand bestritten; es kommt doch nur auf das Recht an, mit dem wir Vorstellungen auf Gegenstände in der Erfahrung beziehen. Welchen Sinn aber sollte Kant in der ersten Auflage mit dem Begriff einer objektiven Realität der Aussenwelt verbunden haben, was sollte sie nur bedeuten, wenn sie blosse Vorstellung = Einbildung sein kann?

Hatte Kant gezeigt, dass wir äussere Erfahrung (die schon nach ihrem Begriffe das Dasein äusserer Objekte voraussetzt) als notwendig einsehen, wenn die innere bereits behauptet wird, wie soll daraus nur folgen, dass das Dasein äusserer Objekte, „die ich ausser mir wahrnehme", von innerer Erfahrung unabhängig ist? Man kann das ja nicht einmal mehr denken, da man mit der inneren Erfahrung das bestimmte Bewusstsein seiner selbst überhaupt mitaufgehoben hat! Beweist die ganze Kritik, dass unsere Erkenntnis durch Raum und Zeit bedingt ist, dass die Anwendung unseres Verstandes in der Erfahrung ohne diese beiden Formen der Sinnlichkeit und ihre von Kant festgestellte Natur nicht eingesehen werden kann, so folgt doch daraus nicht, dass Raum und Zeit von unserem Erkennen unabhängig sind. In jener Kuno Fischerschen Konsequenz liegt ein fundamentaler Irrtum, ganz abgesehen davon, dass man seine Conclusion aus jenen Prämissen nicht herleiten kann. Kann man innere Erfahrung ohne äussere nicht einsehen, so kann man wiederum von äusserer Erfahrung gar nicht reden, ohne das Bewusstsein seiner selbst und ohne wenigstens den inneren Sinn, der Schemate für unsere Verstandesbegriffe zulässt, vorauszusetzen, d. h. mitzudenken. Kant vergleicht die in der Kritik vorgenommenen Scheidungen mit jenen der Chemie; aber die Chemie kann ihre Elemente für sich darstellen, die Kritik kann sie nur für sich denken, sie weiss, dass die Realität ihrer Begriffe nur in einer einheitlichen Erfahrung enthalten sein kann. Und ferner: das Dasein äusserer Dinge ist bedingt durch einen a priori gegebenen Raum; hat Kant nun an irgend einer Stelle seiner zweiten Auflage behauptet: Diese Dinge sind auch unabhängig von einem a priori gegebenen Raume da? Dann hätte er sich widersprochen; das ist ihm nicht in den Sinn gekommen, weil es für ihn nicht mehr möglich war.

Es giebt nur einen „Inbegriff der Erfahrung", der zugleich innere und äussere befasst, aber die Erfahrung ist immer in uns — was uns gar nicht hindert, Psychologie und Physik, innere und äussere Objekte von einander zu trennen. Unser Dasein, sagt John Locke, ist uns durch innere Anschauung sicher; das Dasein Gottes, fügt er, wie ein echter Rationalist hinzu, lässt uns Vernunft deutlich erkennen, aber das reale Sein anderer Dinge, die wir nur durch Empfindung haben, steht nicht in notwendiger Verknüpfung mit dem menschlichen Verstande. Kant hat diese notwendige Verknüpfung entdeckt, seine Lehre vom Raume legt sie bloss, und das Band zwischen äusserer und innerer Anschauung und Erfahrung erhärtet sie. Eine lediglich rationale Physik, nicht minder als eine rationale Psychologie sind damit für immer gerichtet, ihre unabhängig gedachten Objekte wären Dinge an sich, die unerkennbar sind, und was wir von ihnen positiv aussagen, bilden wir uns bloss ein, was wir von ihnen negativ wissen, ist keine Erkenntnis, ausser der transscendentalen Einsicht. Hier ist uns die Grenze gesetzt. Wir beziehen unsere Vorstellungen auf Objekte und leugnen oder bezweifeln diese Objekte nicht mehr, weil wir unserer Vorstellungen unmittelbar sicher sind.

Dass wir aber die Existenz jener Bäume des Waldes oder unserer Mitmenschen Müller und Schulze nicht von der Existenz unserer blossen Vorstellungen unterscheiden dürften, konnte Kant nicht lehren, wenn er nicht einen Hohn auf die „allgemeine Menschenvernunft" verüben wollte.

Die äusseren Erscheinungen der Objekte sind so sicher im Raume anzutreffen, als ich selbst existiere, der ich räumlich anschaue und durch äussere Erfahrung mein Dasein in der Zeit bestimme; heisst das: die äusseren Objekte sind Noumena, Gedankenwesen, die ohne unsere sinnlichen Vorstellungen a priori bestimmbar wären?

Kant hat in seiner neuen „Widerlegung des Idealismus" nur aus dem „kritischen Gesichtspunkt" argumentiert. Was kann ich wissen? ist die Frage der Kritik. Wie kann ich einzig und allein a priori Kenntnis von Objekten haben? Seine Lehre ist nicht subjektiver, materialer, empirischer Idealismus, sondern formaler, kritischer oder transscendentaler. Der transscendentale Idealist wehrt sich gegen die Erkenntnis von Noumenen, obwohl er diese selbst weder bestreiten kann noch will. Aber er ist der Täuschung kritisch gewachsen, die eine mögliche logische Scheidung mit einem real möglichen (d. h. nicht bloss problematischen) Dasein verwechselt.

Nur durch die Zweideutigkeit der Worte vermag man das feste Gefüge der Kritik beider Auflagen anzutasten. Aber Kant trifft um deswillen keine Schuld, er selbst hat auf die unvermeidliche Zweideutigkeit der Worte aufmerksam gemacht. In beiden Auflagen wird der Gegenstand, das Objekt, von blossen Einbildungen geschieden und es handelt sich nur um diese Differenz.

Wer dennoch behauptet, Kant habe in der zweiten Auflage die äusseren Dinge wieder zu Noumenen und den Raum selbst zu einem Ding gemacht, kann auch die erste Auflage der Vernunftkritik nicht anerkennen; jener Unterschied ist beiden Auflagen gemein.

Nur kurz soll noch der Prüfung gedacht werden, die Kuno Fischer den im Sinne unserer Betrachtungen erhobenen Einwürfen angedeihen lässt. Arnoldt sieht in der Widerlegung nur einen Beweis dafür, dass „unsere innere Erfahrung von der äusseren abhänge". Darauf sagt Kuno Fischer: „Der transscendentale Idealismus lehrt die volle und gleiche Unmittelbarkeit der inneren und äusseren Erfahrung. Es heisst dieser Lehre widersprechen. wenn die äussere als das Mittel und die Bedingung der inneren gelten soll; sie kann eine solche Bedingung nicht sein, da sie selbst auch innere Erfahrung ist, sie ist ein Teil oder eine besondere und notwendige Sphäre der letzteren."

Hierauf ist zu erwidern: Die volle und gleiche Unmittelbarkeit der inneren und äusseren Erfahrung steht gar nicht in Frage. wenn die Thatsache der einen den Erkenntnisgrund für die Wirklichkeit der anderen abgiebt. Es giebt nur eine einzige Erfahrung, d. h. einen Inbegriff der Erkenntnis gegebener Objekte nach allgemeinen Gesetzen; die besondere Erfahrung, durch die ich mein Dasein in der Zeit bestimme, schliesst aber notwendig äussere Erfahrung mit ein. Dass äussere Erfahrung als solche überhaupt eine „notwendige" Sphäre aller Erfahrung ist, die nur in uns (im strikten Sinne) sein kann, wird durch diese eine Thatsache bewiesen. Kant trennt aber mit allem Recht innere und äussere Erfahrung. Diese Unterscheidung bezieht sich aber auf einen Gegenstand, der durch offenbar verschiedene Arten von Vorstellungen bestimmt werden soll und also entweder psychologischer oder physikalischer Natur ist. Und nun geht Kant trotz dieser Trennung fast einen Schritt zurück: Alle Erfahrung ist natürlich in uns (in jenem strikten Sinne), aber selbst jene Unterscheidung ist in ihrer Schärfe nicht aufrecht zu erhalten, denn die innere Erfahrung schliesst selbst wiederum äussere notwendig mit ein.

jene ist auch nicht einmal in der Abstraktion von dieser völlig zu unterscheiden, denn sie greifen in einander über, wie etwa dieses Bild es zeigt

Erfahrung

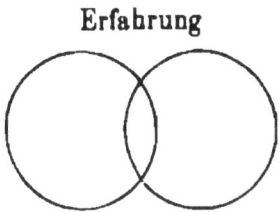

Kuno Fischer erkennt nun die Unterscheidung an, verwechselt aber sofort wieder „innere Erfahrung" mit Erfahrung schlechthin, die natürlich nicht anders als „in uns (im transsc. Sinne)" gedacht werden kann. Und nun noch eine Thatsachenfrage: Kann man sich auch nur denken, geschweige denn vorstellen, dass durch die innere Wahrnehmung, d. h. durch das blosse Bewusstsein unserer Gedanken, die im inneren Sinn als Vorstellungen auftreten, unser Dasein in der Zeit bestimmt werden kann, ohne äussere Objekte? Gehört nicht unser Körper selbst zur äusseren Erfahrung, kann man sich, von ihm gelöst, eine Bestimmung seines eigenen Daseins wirklich vorstellen? Wohlverstanden: das blosse „Ich denke" ist keine Bestimmung, weil es gänzlich leer ist, und das Cogito ergo sum sagt schon eine empirische Thatsache aus. Auch das Ich denke kann nicht anders erfahren werden, als durch Vorstellungen, die es begleitet. Können diese Vorstellungen in der Zeit ohne äussere Erscheinungen als bestimmt gedacht werden? Man mag nun hierüber entscheiden, wie man will, so hat die erste Auflage der Kritik über diesen Punkt bereits befunden: Eine Zeitbestimmung ist nur möglich, wenn es etwas giebt, das als Substrat der Zeit beharrt. Gehört dies Beharrliche nun zur inneren oder äusseren Erscheinung? Ist es in den Gedanken vorzufinden, oder müssen wir a priori den Gedanken selbst etwas unterlegen, das nicht mehr blosser Gedanke ist?

Wir sind genötigt, unseren Vorstellungen äusserer und innerer Natur etwas unterzulegen; aber wir sind durch Kant belehrt, dass wir Bedingungen der Erkenntnis nicht mit Bestimmungen von an sich seienden Dingen, von Noumenen, verwechseln. Sein transscendentaler Idealismus lässt einen empirischen Dualismus zu, d. h. wir unterscheiden innere und äussere Objekte, aber wir wissen, dass weder der Materialismus noch der Spiritualismus zur Erklärung der Seelenbeschaffenheit ausreichend ist, wenn wir für sich bestehende Seelen denken. Wir schliessen weder von der Verschiedenartigkeit der Vorstellungen (der inneren und äusseren) auf verschiedene Substanzen, noch wagen wir im transscendentalen Sinne ein monistisches Prinzip auszusprechen. Das wäre dogmatisch geurteilt. Die Kritik lehrt nur: Die Gesetze der Erfahrung gelten für beide Arten von Objekten notwendig, denn sie gehören zu einer Natur, zu einem Inbegriff der Erfahrung. Namentlich die empirische Psychologie, die heutzutage hin und wieder vergisst, dass ihr Kant erst freie Bahn geschaffen hat, sollte dieser Thatsache eingedenk bleiben. Keine ihrer Thatsachen vermag die Kantische Kritik zu widerlegen, so wenig wie ein physikalisches Resultat es vermöchte; erst wenn wir bestreiten, dass es physikalische und psychologische Gesetze giebt, wird jene Kritik aufgehoben.

Indessen kehren wir zu unserem besonderen Gegenstande zurück. Jener Gedankengang Kuno Fischers lässt sich mit aller Leichtigkeit gegen ihn selbst verwenden. Niemand wird leugnen, dass umgekehrt äussere Erfahrung ohne innere undenkbar ist. Heisst es nun der „Lehre von der vollen und gleichen Unmittelbarkeit der inneren und äusseren Erfahrung widersprechen", wenn die innere Erfahrung „als das Mittel und die Bedingung der äusseren gelten soll"? Was dort recht ist, erscheint hier nur billig.

Der zweite Einwurf Kuno Fischers gegen Arnoldt lautet: „Dass unsere innere Erfahrung von der äusseren abhänge und durch dieselbe vermittelt werde, ist in Kants neuer Widerlegung des Idealismus nicht das Ziel, sondern bloss eine Station der Beweisführung. Das Ziel ist die Abhängigkeit der äusseren Erfahrung von dem Dasein der Dinge ausser uns, d. h. die Unabhängigkeit der äusseren Dinge von unserer Vorstellung."

Mit dem logischen Begriffe einer „Station der Beweisführung" kann man sich leicht abfinden: entweder sie enthält das Ziel analytisch, d. h. man denkt es implicite schon mit, oder man sucht neue Momente, es zu erreichen. Arnoldt hat den Kern des Beweises offenbar zutreffend geltend gemacht. Wenn äussere Erfahrung die innere bedingt, so muss es auch äussere Erfahrung geben, in deren Begriffe das Dasein äusserer Objekte enthalten ist. Aeussere Erfahrung, die dies Dasein nicht einschliessen würde, wäre völlig sinnlos.

Das Ziel des Beweises ist wiederholt von uns angegeben worden. Niemand kann sich dagegen sträuben. Ist es problematisch möglich, dass äussere Erfahrung um deswillen zweifelhaft erscheint, weil sie vor Kant nicht als unmittelbar, wie die innere, begriffen werden konnte, so giebt es keinen anderen Weg, diese Zweifel zu beheben, als den von Kant eingeschlagenen. Die Realität der Aussenwelt ist a fortiori ebenso sicher als mein in der Zeit bestimmtes Bewusstsein. Will man hierfür ein Gleichnis der Argumentation, so mag auch das noch aus anderem Gebiet gegeben werden. Wer uns — vielleicht auf Grund von Messungen — sagte, dass ihm der Pythagoreische Satz sicher sei, während er an den geometrischen Axiomen noch zweifelte, dem würden wir sagen: Dieser Satz ist nur auf Grund der Axiome einzusehen, also sind sie a fortiori so sicher, wie Dir jener Satz erscheint.

Das angebliche Ziel des Beweises aber, die Abhängigkeit der äusseren Erfahrung von dem Dasein der Dinge ausser uns, ist gerade das Ziel der Kritik d. r. V. überhaupt. Sie predigt es auf jedem Blatt, ohne dass man das Ding ausser uns mit dem Ding an sich verwechseln müsste. Das wäre 100 Jahre nach Kant unsere eigene Schuld. Erkenntnis a posteriori, empirische Erkenntnis ist nur denkbar, wenn es Gegenstände giebt. Formal richtet sie sich nach den notwendigen Faktoren des erkennenden Subjekts, material, dem Inhalte nach, aber nach dem was a posteriori gegeben ist. Was aber in sinnlichen Formen gegeben ist, muss vom Verstande erst bestimmt werden, und es kann nur um deswillen diese Möglichkeit der Bestimmung eingesehen werden, weil das zu Bestimmende Erscheinung und nicht Ding an sich ist. Wo Kant jemals von Erfahrung spricht, vergeht man sich gegen seine festen Begriffe, wenn man ihm imputiert, dass er an

Dinge an sich auch nur denke. Sein empirischer Realismus ist auch nicht naiv, wie man ihm hier und da in hyperkritischer oder kritikloser Weise vorwirft, sondern er ist eine Folge, ein Ergebnis der Kritik, auf das sie notwendig hinarbeiten musste. Ohne dies Resultat wäre die Kritik sinnlos. — Nur dann kann man über die Realität der Aussenwelt sich besorgen, wenn man die Grenzscheide noch nicht gefunden hat, die jede Spielart des vorkantischen Idealismus von der Kantischen Bestimmung seiner Lehre trennt. Dass man in diesem Punkte heute noch tastet, kann man aus mancherlei Zeichen sehen. Bald erscheint der Raum als eine synthetische Funktion, bald als ein lediglich subjektives Phänomen, das für jedermann verschieden sein könnte, und doch ist seine Stelle im Erkenntnisvermögen von Kant so fest und sicher bestimmt, dass man einzusehen vermag, wie sich Geometrie von anderer Erkenntnis ablösen konnte, d. h. wie sie a priori möglich ist. Man versteht, wie Kant in den Ruf der Rechthaberei kommen musste. Er konnte angesichts der erlangten Klarheit keine Konzessionen machen. Andererseits giebt er wieder für viele weniger, als man verlangt, aber der Schelm, der mehr giebt, als er vertreten kann, ist es hoffentlich in der Philosophie immer unbewusst. Man mag es angesichts der vielen vergeblichen Bemühungen bedauern, aber es ist nun einmal nicht anders: Erkenntnisprinzipien lassen sich nicht in der Natur aufspüren, wenn die Erkenntnis der Natur von unserer Vernunft abhängt, sie sind immer schon in Aktivität, wenn man sie erst auffinden möchte. Man kann hier nicht bauen, wenn man nicht zuvor analytisch die schon vorhandene Erkenntnis in Elemente aufgelöst hat, und man hat genug gethan, wenn man mit Rücksicht auf mögliche Erfahrung ihre Notwendigkeit zur Einsicht bringt. Ohne den Kausalbegriff, ohne den Begriff der Wechselwirkung und ohne den Begriff der Substanz ist Physik nicht denkbar — man sollte meinen, dass diese Thatsachen jedermann einleuchten müssten, und dass man sie von der empirischen Erkenntnis, die wir nicht in derselben Weise einsehen, endlich zu scheiden lernte. Wie es nun wieder möglich ist, dass wir durch unsere Kategorien denken und in apriorischen Formen sinnlich anschauen, das bedeutet so viel als die Frage: Wie ist Vernunft an sich selbst möglich? Wohl oder übel müssen wir die Antwort auf diese Frage dem Schöpfer aller Dinge überlassen.

Wir haben Vernunft, um Gegenstände der Erfahrung zu erkennen, Noumena entziehen sich unserem geistigen Blick, so lehrt die Kritik gegenüber der alten Metaphysik. Die Dinge ausser uns sind abhängig von unserem Vorstellungsvermögen, denn sie werden im Raume angeschaut und sind ohne diese Anschauung nicht mehr zu denken. Sie liefern den Stoff zu unseren Wahrnehmungen, die wir nach Verstandesbegriffen verknüpfen, während die Macht der Idee aus der solchergestalt möglichen Erfahrung eine höhere Einheit herzustellen versucht. Wir buchstabieren eben nicht bloss Erfahrungen, sondern bringen sie mit der Einheit der Vernunft auf allgemeinste Gedanken, von denen wir das Einzelne wiederum abzuleiten vermögen. Jede physikalische Theorie legt dafür Zeugnis ab.

Doch wir kommen zum Beschluss. Kuno Fischer behauptet, dass sich die „Widerlegung des Idealismus" in der zweiten zu den Ausführungen der ersten Auflage wie A zu Non A verhalte. Wir haben gezeigt, dass dieser Gegensatz „nur buchstäblich" vorhanden ist, wenn Kuno Fischer feststellt, dass er „buchstäblich" existiert.

„Um mich zu widerlegen," sagt der berühmte Gelehrte „muss man demnach beweisen, dass Kant die Unabhängigkeit der äusseren Dinge (Körper) von unseren Vorstellungen in der ersten Ausgabe der Kritik nicht durchgängig verneint und an den angeführten Stellen der zweiten keineswegs bejaht und zu beweisen gesucht habe."

Die empirische Existenz involviert nicht allein keine Unabhängigkeit von unseren Vorstellungen, sondern schliesst sie aus. Wir haben den von Kuno Fischer verlangten Beweis geliefert, soweit die zweite Auflage in Frage kommt. Wer gleichwohl die Behauptung aufrecht erhalten möchte, dass Kant in der zweiten Auflage äussere Dinge zu Dingen an sich macht, der hat als Kläger zu beweisen, dass Kant hier von Dingen ausser uns behauptet, dass wir sie nicht anschauen, sondern nur durch reine Begriffe denken; dass sie nicht im a priori gegebenen Raume anzutreffen sind, sondern dass der Raum selbst auch abgesehen von unserer Sinnlichkeit etwas ist, das sei es als Substanz oder als Inhaerierendes den Dingen für sich zukommen müsse, oder ferner, dass der Raum in unserem Verstande und nicht in unseren Sinnen a priori gegeben sei. Könnte man das nicht bloss behaupten, sondern auch durch Thatsachen belegen, so hätte derselbe Kant, der die Realität der Aussenwelt erhärten möchte, bewiesen, dass die Dinge ausser uns Noumena (Verstandeswesen) und nicht Phaenomena (Sinnenwesen), mit einem Worte, dass sie nichts (entia rationis) sind. Er hätte also im transscendentalen Sinne das strikte Gegenteil von dem nachgewiesen, was er beweisen wollte.

Wir wagen dem gegenüber zu erklären, dass nur Verstösse, wie sie Kant in beiden Auflagen kritisch blosslegen will, einen solchen Verdacht rechtfertigen, der also bei Prüfung der Anklage sich in völliger Haltlosigkeit zeigen muss.

„Keinerlei Auslegungskunst", sagt Kuno Fischer gegen Witte, kann den „Widerspruch wegreden". Das soll durch den Satz: „Die Wahrnehmung dieses Beharrlichen ist nur durch ein Ding (d. h. die Vorstellung eines Dinges ausser mir) und nicht durch die blosse Vorstellung eines Dinges ausser mir möglich" bewiesen werden. In diesem Satze schwindet der Widerspruch in der natürlichsten Weise schon dann, wenn man das Wort Vorstellung mit Kant betont und nach dem wiederholten von Kant erklärten Sinne sich gegenwärtig hält, dass er hier von blosser Einbildung spricht.

Wenn man aber nicht Bedenken trägt, auf diese Weise Widersprüche und Sinnlosigkeiten festzustellen, so könnte ihrer die erste Auflage in Hülle und Fülle liefern. Ich sehe nicht, was man anders thäte, wenn man für die oben (S. 39) citierte Stelle einmal schreiben wollte:

„Es sind nur zwei Fälle möglich, unter denen synthetische Vorstellung und ihre Vorstellungen [für „Gegenstände"] zusammentreffen, sich auf einander notwendiger Weise beziehen, und gleichsam einander begegnen können. Entweder wenn die Vorstellung [für „der Gegenstand"] die Vorstellung oder diese die Vorstellung [für „den Gegenstand"] allein möglich macht."

Sobald man aber weiss, dass Kant dem transscendentalen Realismus gegenüber beweist, dass wir nur Vorstellungen der Sinne erkennen und bestimmen, nicht Dinge an sich, dass er aber als empirischer Realist nicht bloss Arten der Vorstellungen und äussere und innere Objekte, auf die sie sich beziehen, sondern auch als empirischer Psycholog blosse Vorstellungen von der Vorstellung realer Objekte scheidet, so wird man nicht mehr in die Versuchung kommen, Kant nach dem Buchstaben zu beurteilen.

Hat aber dieser unvergleichliche Denker ein Recht darauf, dass man in den Sinn seiner Worte eindringt, so muss man ihm auch hier gerecht werden. Das ist eine Pflicht der Wahrheit. Gleichviel, ob das Kantische System der Kritik d. r. V. angenommen wird oder nicht, so handelt es sich in unserer Frage nicht um eine Sache der Meinung, denn die Kritik liegt vor und die logischen Gesetze, nach denen wir analytische Einheit der Gedanken oder ihren Widerstreit feststellen, unterliegen keiner Veränderung. Auch dem berühmten Altmeister der Geschichte der Philosophie gegenüber hat der nach Intelligenz und Charakter herabgesetzte Kant als homo noumenon noch heute das Recht, sich selbst zu verteidigen. Er sagt: „Auch scheinbare Widersprüche lassen sich, wenn man einzelne Stellen, aus ihrem Zusammenhange gerissen, gegeneinander vergleicht, in jeder vornehmlich als freie Rede fortgehenden Schrift, ausklauben, die in den Augen dessen, der sich auf fremde Beurteilung verlässt, ein nachteiliges Licht auf diese werfen, demjenigen aber, der sich der Idee im Ganzen bemächtigt hat, sehr leicht aufzulösen sind."

Verstandes sind Sätze, welche den unter irgend eine Kategorie fallenden Dingen eine Bestimmtheit zuschreiben, die ihnen dadurch zukommt, dass sie unter diese Kategorie fallen, oder insofern, als sie dies thun. So verhält sich das Prinzip des zureichenden Grundes zu der Kategorie der Essenz mit Accidentien und das Prinzip der Repugnanz zu derjenigen der mit Negativität behafteten Essenz. Näher beantwortet das Prinzip des Grundes eine Frage, die sich an die Definition der seinen Ursprung bildenden Kategorie knüpft, an die Definition, dass unter einem Accidens eines Dinges zu verstehen sei eine Bestimmtheit, die mit Wahrheit von ihm bejaht werden könne, und unter der Essenz eines Dinges die den Begriff desselben konstituierende Bestimmtheit, nämlich die Frage, worin das Verhältnis, welches die in jener Definition angegebene Bedeutung für das urteilende Denken habe, an sich bestehe, oder wie sich eine Bestimmtheit zu der Essenz eines Dinges verhalten müsse, um von ihm bejaht werden, um also als sein Accidens aufgefasst werden zu dürfen; es beantwortet sie dahin, dass jedes Accidens mit der Essenz des Dinges, dem es angehöre, oder einem Bestandteile derselben der Sache nach identisch sei und sich nur der Auffassung nach davon unterscheide. Und ganz in derselben Beziehung steht das Prinzip der Repugnanz zu der Kategorie der mit Negativität behafteten Essenz. Eine andere Art aber, wie aus einer Kategorie ein Grundsatz entspringen könne, wird niemand aufzuzeigen vermögen. Wenigstens würde ein Satz, der mit den genannten beiden Grundsätzen das gemeinsam hätte, dass er den unter eine Kategorie subsumierbaren Dingen eine Beschaffenheit zuschriebe, die in dieser Kategorie implicite enthalten wäre, ungleich jenen kein Satz von metaphysischer Bedeutung sein, wenn er wieder von den Dingen statt einer inneren Beschaffenheit nur eine Beziehung zum urteilenden Denken aussagte. Wenn es nun bloss zwei Kategorien giebt, die Begriffe der Essenz mit Accidentien und der mit Negativität behafteten Essenz, so giebt es auch nur zwei Grundsätze des reinen Verstandes: das Prinzip des zureichenden Grundes und das Prinzip der Repugnanz.

III.
Kants Widerlegung des Idealismus.

Von
Ludwig Goldschmidt in Gotha.

In den beiden früheren Abschnitten wurde das Verhältnis der beiden Auflagen der Vernunftkritik untersucht; dabei ist von mir der Versuch gemacht worden, die Frage nach der inneren Konsequenz des Systems selbst noch abzuscheiden. Dem aufmerksamen Leser jener Aufsätze mag nicht entgangen sein, dass der Verfasser die „Voreingenommenheit" auch in dieser Frage nicht abzustreifen vermochte, wenngleich er sie auf die unparteiische Argumentation nicht einwirken liess. In philosophischen Fragen kann man nicht neutral sein, ohne zum Skeptiker zu werden. Kant gegenüber ist es am allerletzten möglich. Seine eigenartige historische Bedeutung liegt darin, dass er die historische Metaphysik überwindet. Er führt sie in ein Problem über, das die dogmatische (historische), zwischen entgegengesetzten Polen oscillierende Metaphysik mit ihrem leeren Scheine auflöst. Ihres geschichtlichen, zufälligen Charakters entkleidet, wird der getreue Plan des durch seine Leistungen genau beschriebenen Erkenntnisvermögens der Grundriss einer wahren Metaphysik, einer Lehre, die sich mit der Feststellung wahrer Vernunftprinzipien überall bescheidet, die Grenzen des Begreiflichen und Unbegreiflichen zu fixieren, ohne an die Wurzeln alles wissenschaftlichen Denkens die Axt zu legen. Man unterhielt sich an der Wende des 18. Jahrhunderts mit der Feststellung der Momente, die Kants Lehre enthält und die sie ausschlägt. Sie kann aber keinen Sektennamen vertragen, weil sie für alle früheren Erscheinungen den Schlüssel geben will und giebt[1]). Scherzend und unverbindlich nennt Kant in einem Privatbriefe seine Arbeit eine „Metaphysik der Metaphysik"; das trifft die Sache. Wer den Quellen metaphysischer Fragen und damit dem Grunde des uralten Streites der Systeme nachgeht, schafft sich einen höheren Standpunkt. Er bedarf des Besonderen, Einzelnen nicht; auch in der Kritik wird nicht nach Personen-Namen kritisiert. Kants Auseinandersetzung mit Leibniz in der „Amphibolie der Reflexionsbegriffe" ist im Grunde der Scheideweg von aller früheren Erkenntnislehre. Der reine Verstandesgebrauch in der bloss logischen Reflexion hatte irre geleitet. Wer transscendental das heisst mit Rücksicht auf mögliche Objekte reflektiert, verdirbt den empirischen Verstandesgebrauch, wofern er nur nach reinen Verstandesbegriffen verfährt; wer mit den Verstandesbegriffen als Naturbegriffen das heisst Begriffen möglicher Erfahrung operiert und dennoch transscendiert, gerät in die Widersprüche der Dialektik. Kant vollzieht die Scheidung reinlich, wie man heute sagt, die Metaphysik und Physik d. h. das Gebiet des Erforschlichen von dem „Felde" des Unerforschlichen trennt. Nur ein so genauer Kenner und Liebhaber der dogmatischen Metaphysik vermochte sie selbst allgemein zu kritisieren — nur ein so tiefes und klares Wahrheitsbedürfnis wie das des streng wissenschaftlichen Mannes vermochte das Problem zu stellen. Wendet sich die Metaphysik an ein wissenschaftliches Urteil, nicht bloss an den Beifall des nach Unterhaltung dürstenden Schülers, so müssen sich die Kriterien dieses Urteils auch aufstellen und an wahrer Erkenntnis prüfen lassen. Ohne die Möglichkeit dieser allgemeinen Kritik hat man auch kein Recht auf eine Metaphysik, wie auch ihre Resultate ausfallen mögen. Das Resultat Kants ist für unser Wissen ein negatives aber kein skeptisches und es ist in dem einen bestimmt

---

[1]) Kant hat sich noch selbst über all das beklagt, was man in sein Hauptwerk hineinzuinterpretieren beliebte: Vorschub zum Spinozismus, Skepsis, Dialektik. (Dazu ist inzwischen wohl noch manch anderes gekommen.) Er sagt: „Die Neuplatoniker, die sich Eklektiker nannten, weil sie ihre eigenen Grillen allenthalben in älteren Autoren zu finden wussten, wenn sie solche vorher hineingetragen hatten, verfuhren gerade eben so; es geschieht also insofern nichts neues unter der Sonne."

definierten Unterschiede ausgesprochen: Erscheinung und Ding an sich.

Jener Auflagenstreit wäre völlig unmöglich gewesen, wenn man Kants langer Vorbereitung der Kritik jemals völlig gerecht und dessen eingedenk gewesen wäre, wo Kant stand, als seine Ueberlegungen sich anspannen. Er war schon auf der Höhe aller seiner Vorgänger, deren Namen den Gebirgszug in der Geschichte der Philosophie bezeichnen — die Arbeit im Thale verschwindet ja vor unserem Blicke. Nur der Mann konnte die Metaphysik allgemein auf die Wage der kritischen Vernunft legen, dem keine historisch bedeutsame Leistung entgangen oder unverständlich geblieben war. Mit Notwendigkeit musste die eigene, von Hume vorbereitete Problemstellung zu einer vollständigen Lösung führen, der nach dem glücklich entdeckten „Leitfaden" kein metaphysisches Problem durch die Maschen fallen konnte. Wenn es gelang, was Hume hoffnungsvoll voraussah, die reinen d. h. für jeden theoretischen Gebrauch zulänglichen und notwendigen Erkenntnisfaktoren in der Aufzählung zu erschöpfen, ihre Bedeutung im organischen Zusammenhange aufzufassen, so musste jeder reine Gebrauch oder Missbrauch der Begriffe sich kund thun. Man vergleicht häufig zu unrecht Kant mit den Vorgängern; es kommt hier nicht darauf an, was sie gewollt, sondern was sie geleistet haben. Im ersten Punkte berührt sich Kant mit aller wahren Philosophie — eine streitsüchtige Sophistik ausgenommen —, hinsichtlich der Leistung hält kein anderer den Vergleich aus, als der Begründer der formalen Logik. Es war ferner ein richtiger, apodiktisch gewisser Gedanke, dass bei der Kritik kein reiner Begriff auftreten konnte, der sich nicht in wirklicher Erkenntnis durch vernünftigen Gebrauch hätte legitimieren können. Es giebt keine Erdichtung, die ihre Beziehung zu vernünftigen Gedanken verleugnen könnte; wir vermögen zu irren, aber wir können reine Verstandesbegriffe von objektiver Giltigkeit nicht erdichten. Man hat immer mit seinen Begriffen und auch mit den Ideen einen angemessenen Gebrauch verbunden, ehe man sie selbst von ihren natürlichen Bedingungen freimachen, loslösen und nun eine missverstandene, im übrigen durchaus vernünftige, unentbehrliche Fähigkeit der Abstraktion missbrauchen konnte.

Dieser von einer ungezügelten, disziplinlosen Phantasie geförderte Missbrauch war trotz aller Anstrengungen der Metaphysiker leichter, als der beständige planmässige wissenschaftliche Gebrauch; die Fragen, an die er sich knüpft, gehören zum Wesen des menschlichen Geschlechts, kein Wunder, dass jede Kultur schon eine Metaphysik uns entgegen trägt. Dass gleichwohl eine Kritik der reinen Vernunft Jahrtausende auf sich warten liess, kann ebenfalls nicht verwundern. So lange alle empirische Erkenntnis mit abergläubischen Vorstellungen durchwoben war, so lange das, was wir mit einer Niveaubezeichnung, einem Mittelwerte allgemeine Bildung nennen, jene beiden Elemente nicht zu scheiden vermochte, so lange konnte man nicht auf den Gedanken kommen, die nur eingebildete Erkenntnis durch die Bedingungen wahrhafter Erkenntnis zu messen. Von einem Manne, der in exakte Wissenschaften sich vertiefte, sagt der philosophische Walter Scott: „Er verband mit seinen Arbeiten mystische und phantastische Strebungen. Der Grund hiervon lag darin, dass die Grenzlinie zwischen Wahrem und Falschem in der Mathematik, Astronomie und ähnlichen Wissenschaften noch nicht genau gezogen war, und an ihrer Stelle gewissermassen ein unbekanntes Land sich ausbreitete, in welchem sich die Weisesten verirrten." Die moderne, in den von Baco von Verulam gezeigten Bahnen sicher einherschreitende Physik giebt ein historisches Moment für die Auslösung der kantischen Arbeit — die dennoch in ihren scharf bestimmten Erkenntniskräften nichts anderes beschreibt als die innere Natur des Menschen aller Zeiten. Haben Machtinteressen und theologische Vorurteile die Philosophie immer in eine bestimmte Richtung gewiesen, so musste bei freierem Wort doch erst eine erfolgreiche Teilung der Arbeit gezeigt haben, wo ein Fortschritt möglich und wirklich war und wo er trotz angestrengtester Bemühung der hervorragendsten Männer immer ausblieb. Nicht umsonst mahnt Kant immer und immer wieder, man solle die Grenzen der Wissenschaften nicht verwischen. Mathematik und Physik hatten sich schon zu Kants Zeiten erfolgreich von der Metaphysik geschieden; erst der Vergleich der Schicksale konnte zu jener einzigen Thatsache führen: Ein Mann allein unternimmt es, die Welt mit einer völlig neuen Wissenschaft zu überraschen, die man mit früheren Tastversuchen schon deshalb nicht vergleichen soll, weil sie samt und sonders für jene das Objekt der Beurteilung abgeben. Man soll auch hier das Besondere im Allgemeinen wiedererkennen. Ist doch vielleicht das der Unterschied des spekulativen und gemeinen Vernunftgebrauchs: Dort wird das Besondere im Allgemeinen erkannt, hier aber soll der gemeine, gesunde Verstand die Gabe des Urteils in concreto bethätigen, indem er von seinen allgemeinen Einsichten im Besonderen Gebrauch macht.

Kant war sicher, dass seine Kritik nie veralten werde, wie tief ihn auch schmerzen mochte, dass ihn zunächst wenige verstanden. Er vertraute indessen „auf das unwiderstehliche Gesetz der Notwendigkeit" und er wird sich in diesem Vertrauen nicht getäuscht haben. Jener oben (S. 61) angeführte Gedanke hat einen Vorgänger. Schon Cartesius bemerkte, dass die Täuschung durch die Sinne, dass Traum und Hallucination nur auf Grund früherer Erfahrung möglich waren. Man braucht ihn nur auf den reinen Verstandesgebrauch zu übertragen und man hat den Gedanken der Kritik, die den wahren Gebrauch des Verstandes zum Massstabe nimmt, den Schein im Urteil aufzudecken. Die Kritik wird nicht bloss den verdienten historischen Platz eines Meisterwerks menschlichen Scharfsinns einnehmen, sie wird auch als in sich konsequent und widerspruchsfrei das wieder werden, wozu ihr Urheber sie ausersehen hat: ein Schutz gegen alle dogmatische Ueberhebung, gleichviel, ob sie positiv oder negativ uns entgegentritt. Man wird von der mikroskopischen Kritik allmählich zurückkommen, wenn man von der nur auf Worte gerichteten Einzelbetrachtung dazu aufsteigt, die kantische Lehre im ganzen zu sehen und wenn man einmal anfängt, anstatt nach Irrtümern nach ihrer Wahrheit zu forschen [1]).

---

[1]) Ich habe in meiner Begleitschrift zu den neu herausgegebenen „Marginalien und Register zur Kritik d. r. V." von Mellin (Gotha, E. F. Thienemann 1900) Kant gegen viele Missverständnisse zu verteidigen gesucht. Für meine dort über die Bedeutung Mellin's gegebenen Bemerkungen ist mir inzwischen eine überraschende, auf Kant selbst zurückgehende Bestätigung zuteil geworden, über die man im Vorwort meiner eben erscheinenden Schrift: „Kantkritik oder Kantstudium?" (Gotha, E. F. Thienemann 1901)

Dieser dritte Abschnitt meines Aufsatzes behandelt Zweifel, die sich der inneren Konsequenz des Systems entgegenstellen und die auf eine Frage sich beziehen, die eigentlich keine Frage hätte werden sollen. Wir werden uns dabei mit einer besonderen Abhandlung beschäftigen, die Vaihinger unter dem Titel „Zu Kants Widerlegung des Idealismus" in den Strassburger Arbeiten zum 70. Geburtstag Zellers veröffentlicht hat, und wenn wir sie im wesentlichen zu bekämpfen haben, so entsprechen wir damit auch einem persönlichen Wunsche des Verfassers selbst. Das Resultat seines Aufsatzes ist kurz folgendes. Die beiden Auflagen widersprechen sich trotz gewisser Schwenkungen im allgemeinen nicht, aber sie sind in derselben Frage an sich widersprechend, das Buch, das sich auf seine Konsequenz so viel zu gut thut, ist das „genialste aber widerspruchsvollste Buch", das existiert. Nichtsdestoweniger sollen wir Kant „unser Bestes" verdanken. Ein allgemein skeptisches Argument sucht den Verfasser zu entschuldigen; die Widersprüche sollen in der historischen Stellung Kants ihren Ursprung haben. Es liegt auf der Hand, dass Kant mit diesem Verdikt noch nicht um den Ruf eines kenntnisreichen und scharfsinnigen Mannes kommen müsste. Trotz aller guten Zensuren wird Kant aber auf diese Weise ein Name unter vielen, so dass man schlechterdings nicht einzusehen vermöchte, warum unsere Zeit sich mehr mit ihm, als mit jedem anderen früheren Philosophen beschäftigte. Besteht nur der Schein eines festgefügten Systems, so würde der Name Kant mit einem Schlage seiner Bedeutung entkleidet sein; sinkt sein Fundament, so bleibt kaum Etwas, das der Erhaltung wert wäre — vor allem aber müsste man den Streit völlig aufgeben, der des Erfreulichen ohnedies wenig bietet. Wäre aber eine „Weiterentwicklung" gewisser kritischer Gedanken aus innerer Konsequenz notwendig gewesen, so müsste man zu seinen Nachfolgern übergehen.

Meine Kritik der Vaihingerschen Opposition wird sich wesentlich darauf erstrecken, den Nachweis irrtümlicher Begriffe zu

---

Aufschluss findet. In Mellin haben wir einen hervorragenden Zeugen für die kantische Lehre zu respektieren. Es giebt kaum ein Bedenken wider Kant, das er nicht bündig widerlegt hätte.

bringen und zu zeigen, dass schon das Grundproblem des Philosophen nach Voraussetzung und Zielen verkannt sein muss, wenn man jenen Widerspruch behaupten will. Er kommt darauf hinaus, dass sich die transscendentale Idealität von Raum und Zeit, das heisst der kritische Idealismus, nicht mit der empirischen Realität der Aussenwelt vertragen will.

Der Verfasser sagt uns, dass ihm die Beweisart der ersten Auflage, die den empirischen Idealismus widerlegt, sehr klar und treffend erschienen sei. Wir haben in den früheren Artikeln gezeigt, dass er sich damit auch der zweiten Auflage gefangen giebt. Gleichwohl behauptet Vaihinger in Uebereinstimmung mit Kuno Fischer, dass sich das Beweisziel in der zweiten Auflage geändert habe und dass Kant nunmehr eine „von der Vorstellung unabhängige Aussenwelt" beweisen wolle. Es sei die „Cartesianische Aussenwelt", die Kant jetzt selbst annimmt. In der ersten Auflage sei es dagegen die Aussenwelt, die nichts ist, als unsere Vorstellung. Wir haben uns über diesen Punkt sehr eingehend in den vorigen Abschnitten ausgesprochen. Jenes unabhängig kann nicht auf kantische Rechnung gesetzt und aus kantischen Positionen gefolgert werden. Dafür bürgt einzig und allein der kantische Raumbegriff. Hätte Kant irgendwo bewiesen, dass die Aussenwelt an sich selbst räumlich, dass der Raum nicht bloss unsere Vorstellung sei, so wäre man im Recht. Wiefern weitere Folgerungen Vaihingers zutreffend sind, werden wir später zeigen. Vaihinger geht ohne Bedenken über die kantische Unterscheidung eines inneren und äusseren Sinnes hinweg, er stellt wie Fischer die Worte der ersten Auflage den Worten der zweiten gegenüber; da aber bei seinen Citaten in der ersten von Vorstellungen im Gegensatze zu Dingen an sich, in der zweiten von blossen Vorstellungen im Sinne von blosser Einbildung die Rede ist, so kann weder seine obige Behauptung noch irgend eine aus ihr gezogene Konsequenz gelten. Dass die neue „Widerlegung" den Berkeleyschen Idealismus mittreffen soll, steht im Widerspruch mit der ganzen Frage und auch mit kantischen Worten, die an eben jener Stelle sagen: „Der dogmatische Idealismus ist unvermeidlich, wenn man den Raum als Eigenschaft, die den Dingen an sich selbst zukommen soll, ansieht... Der Grund zu diesem Idealismus aber ist von uns in der transscendentalen Aesthetik gehoben." Kant hat es gar nicht mehr nötig, den Idealismus Berkeleys und den dogmatischen Idealismus überhaupt zu widerlegen. Er hat schon mit der Aesthetik jede Art des Dogmatismus (Erkenntnis aus reinen Begriffen) implicite widerlegt. In den Prolegomenen hat er ferner überaus deutlich gesagt, wie weit er mit den Idealisten einen Weg geht, wie weit nicht. Wenn der transscendentale Realismus den Raum für an sich existent und also ausserhalb des Subjekts setzt, so ist die Berkeleysche Reaktion unvermeidlich; man kann sie ihm nicht „verdenken". Wenn nun Berkeley mit Kant die absolute Realität des Raumes leugnet, Kant einstimmt, zugleich aber den Vordermann über die richtige Stelle im Erkenntnisvermögen belehrt, die dem Begriffe zuzuweisen ist, so ist jener abgewiesen. Man hat dann keine dogmatischen Erklärungsversuche mehr für die Erfahrung nötig. Es handelt sich nun ja nur um die Frage, „wie und durch welche Ursache die Vorstellungen unserer Sinnlichkeit so unter einander in Verbindung stehen, dass diejenigen, welche wir äussere Anschauung nennen, nach empirischen Gesetzen als Gegenstände ausser uns vorgestellt werden können?" Kant sagt das alles selbst, nun wohl, er ist hier vor dem Gerichte unserer Zeit Partei, wie er in seiner Zeit vor „unbefugten Richtern" gestanden hat. Aber er war in seinem Recht, wie man sich leicht überzeugen kann, wenn man nur will. Wenn Kant das Dasein der Materie für unmittelbar gewiss erklärt, so leugnet er die Materie nicht. Wenn er beweist, dass sie nur als Phänomenon erkennbar sei, so folgt daraus nicht, dass sie nicht existiere, man müsste denn auch behaupten, dass Kant die eigene Existenz vernichte oder in Gedanken aufhebe, d. h. dass er sie leugne. Die eigene Existenz ist nicht ohne die Zeit (und den Raum), wie die von Körpern nicht ohne beide bestimmbar wäre. Aus kantischen Worten darf man nichts folgern, was ihren Begriffen zuwider ist. Indessen kann man sich ja in jedem Augenblicke über die Natur des Raumes selbst belehren. Man abstrahiere von jedem empirischen Inhalt, den ein Körper in der Wahrnehmung zeigt, so bleibt mit dem Begriff eines mathematischen Körpers nicht der Begriff einer Verstandeshandlung; es bleibt auch kein empirischer, sondern ein reiner Begriff — welche empirischen Merkmale der Körper an sich trug, war für unsere Abstraktion völlig gleichgiltig. Es bleibt der Begriff einer möglichen empirischen Anschauung d. h. also der Begriff einer reinen Anschauung übrig. Alles was von diesem Begriffe gilt, gilt auch von jeder empirischen Anschauung, die mathematisch unter denselben Begriff fällt und immer Anschauung, Vorgestelltes, Sinnliches ist. Es wird in jenem Begriff noch ein Inhalt gedacht, der durch den Verstand allein bestimmbar, aber nicht ihm allein verdankt und von ihm selbst zu unterscheiden ist. Notwendige und allgemeine Bedingungen der Sinnlichkeit machen den in der Mathematik gegebenen Verstandesgebrauch möglich. Die Mathematik ist das „Prototypon sinnlicher Erkenntnis". Das alles war Berkeley nicht zum klaren Bewusstsein gekommen, wie keinem dogmatischen Idealisten vor Immanuel Kant. Und doch haben alle Transscendentalphilosophen vor ihm dasselbe Problem, die empirische Erkenntnis zur Einsicht zu bringen. Dies Problem setzt notwendig die Thatsache der Erfahrung voraus und es konnte wohl den Philosophen passieren, die innere und äussere Erfahrung zu missdeuten, aber das konnte keiner wagen, dem empirischen Verstandesgebrauch selbst in die Speichen zu greifen. Hier findet so wenig eine ernste Skepsis statt, wie in der Mathematik, wenngleich philosophische Mathematiker und Naturforscher zuweilen sich mit Sorgen tragen, die ihre eigene Thätigkeit verkehren.

Es liegt auf der Hand, dass die Bemühungen, zum Verständnis der eigenen Vernunft zu kommen, bei allen vorkantischen Tastversuchen auf Auseinandersetzungen führen, die der kantischen Lösung verwandt erscheinen. Zu einem völligen Gleichgewicht konnte aber nur ein Weg führen. Man hat also auf die unterscheidenden, immer subtilen Merkmale zu reflektieren, wenn man Kant gerecht werden will. Vaihinger nimmt Kant die Waffen aus der Hand, wenn er die beiden mit einander innig verflochtenen Momente

1. der Raum ist Anschauungsform
2. die Dinge an sich sind unerkennbar

als für die vorliegende Frage unwesentlich bezeichnet. Der erste Punkt giebt das einzige Unterscheidungsmerkmal, das Kant von allen dogmatischen Philosophen hinsichtlich ihrer Raumauffassungen trennt. Auch Leibniz ist hier nicht auszunehmen; ihm ist eben nicht gelungen, was Kant ausführt. Wenn Kant ferner von Erscheinungen spricht, so hat man sich gegenwärtig zu halten, dass er vom Erkennbaren im Gegensatze zu Dingen an sich spricht, die im transscendentalen Sinne ausser uns und das heisst ausser unserer Erkenntnissphäre also unerkennbar sind. Seine Lehre von der Sinnlichkeit giebt einen scharf bestimmten Unterschied der Objekte. Von Sinnenwesen kann man a priori etwas wissen, von unmittelbar vor dem Verstande zu verknüpfenden Dingen an sich nicht. Wir wissen a priori von Dingen im Raume (Erscheinungen) und im Raume kann nur erkannt werden, was seinen d. h. sinnlichen Bedingungen unterliegt. Die erkennbaren Gegenstände sind nur wirklich in der Wahrnehmung, was der Wahrnehmung in letzter Linie nach reinem Begriffe zugrunde liegend als Ding an sich nur gedacht wird, ist eben unerforschlich. Man hat zur Einsicht in diese Gedanken nur der Wahrheit gemäss zu bekennen, dass man sich von der Raumvorstellnng nicht trennen und dass man alles Gegenständliche von äusseren Objekten nur in Raumvorstellungen sich deutlich machen kann. Für die Zeit ist ebenso klar, dass man sie nur unter dem Bilde einer geraden Linie zu erkennen vermag, so dass man auch von ihr nicht als von einem blossen Verstandesbegriffe reden kann.

Jene beiden von Vaihinger als gleichgiltig beiseite geschobenen Momente verwendet Kant mit Recht in den Prolegomenen gegen den bekannten Vorwurf Feders und es ist betrübend, dass sich dieser hässliche Fleck, das Wahrzeichen einer unbesonnenen Kritik aus der Wäsche, die nun seit hundert Jahren durch alle möglichen Laugen hindurchgegangen ist, nicht herausbringen lassen will. Jeder dogmatische Idealist lehrt, dass es nur denkende Wesen gebe. Vaihinger stellt sehr richtig Berkeley und Leibniz in Parallele, indessen sagt uns Kant in den Prolegomenen deutlich, wie er sich von allen unterscheidet. Jene behaupten Bestimmtes über das an sich Seiende; für Kant ist es, wie aus der Aesthetik zwingend folgt, unerforschlich. Er sieht klar ein, dass man von einer blossen Abstraktion, wie sie z. B. in den Absonderungen Verstand, Apperzeption vorliegt, nicht auf das Wesen von an sich seienden Dingen d. h. auf die Art ihres Daseins schliessen darf. Er kritisiert in den Paralogismen nur die Beurteilung, nicht die Sache selbst, er zeigt mit Evidenz, dass eben über die Sache, die hier in Frage steht, niemand etwas weiss und dass man die Lücke des Verständnisses nicht ausfüllen, sondern nur dadurch bezeichnen kann, dass man eben nach reinen Verstandesbegriffen das Unerforschliche noch denkt. Das ist gar nicht anders möglich, da man nur einen Verstand zur Verfügung hat und da das blosse notwendig von der Vernunft geforderte Denken des Unerforschlichen niemand verbieten kann. Widersprüche sind hier völlig ausgeschlossen, solange man nicht wieder damit beginnt, das Erkennbare und Unerkennbare in Gedanken durcheinandergeraten zu lassen; die kritische Grenzbestimmung nimmt uns nicht die Täuschung ab, die mit der aus reinen Verstandesbegriffen „geschaffenen" Idee verknüpft ist, aber sie versichert gegen den Irrtum, der in ihrem Gefolge zu sein pflegt. Kant ist bis zu einem Punkte mit allen dogmatischen „Idealisten auf einem Bekenntnisse": Raum und Zeit sind nicht Eigenschaften von Dingen an sich selbst, das heisst Kant leugnet damit einen dogmatischen Materialismus ebenso wie einen dogmatischen (transscendentalen) Dualismus, der im Grunde das ganze Wirrsal der Irrtümer hervorgerufen hat. Hält man die uns bekannte Materie für einen Gegenstand an sich selbst, der unabhängig von unserer Sinnlichkeit in derselben Qualität existiert, so folgen auch jene mystischen, schwärmerischen Versuche nach, die die Vernunft mit sich einig zu machen zu dem Wunder der prästabilierten Harmonie oder dem System der Assistenz führen. Ihre Leugnung der Materie hat, genau besehen, und wie später gezeigt werden soll, jene von diesen Auffassungen bekämpfte dualistische Voraussetzung von an sich seienden denkenden Wesen und einer an sich seienden Materie adoptiert. Kant will dasselbe, was alle dogmatischen Idealisten wollen, aber er behauptet mit Fug und Recht, dass keiner von ihnen der Aufgabe gerecht werden konnte: ein jeder behauptet mehr, als zu beweisen jemals einem sterblichen

Menschen gelingen kann. Nichts kann den Menschen hindern, den treibenden Gedanken des dogmatischen Idealismus eine praktische Realität zu geben. Kein Mensch sieht die Möglichkeit oder Wirklichkeit der Freiheit, des kategorischen Imperativs theoretisch ein, aber es genügt, dass man sich von ihrer logischen Möglichkeit und zugleich von ihrer Unbegreiflichkeit überzeuge, um sich das Recht auf die sittliche, praktische Idee nicht nehmen zu lassen. Man streitet nicht mehr um dieser Fragen willen, ausser in polemischer Abwehr, die dem dogmatisch verneinenden Gegner zeigt, dass man seinen logischen Möglichkeiten andere entgegenstellen kann, ein Beweis dafür, dass er eben keinen Boden hat, der noch einen wissenschaftlichen Streiter trägt.

Sagt nun Vaihinger: „Der dogmatische Idealismus ... ist ein integrierender Bestandteil des transscendentalen Idealismus. Dieser fügt allerdings noch die Dinge an sich hinzu", so verwechselt er offenbar im ersten Satze, dass beide dasselbe wollen, aber dass sie nicht dasselbe denken. Dogmatischer und kritischer Idealismus haben einen Idealismus mit einander gemein; aber sie unterscheiden sich dennoch wesentlich. Auch wer die äusseren Gegenstände für Erscheinungen erklärt, ist damit noch lange nicht auf dem Standpunkte Kants, der den Begriff der Erscheinung feststellen und von dem des Dinges an sich unterscheiden kann. Der dogmatische Idealist behauptet eben Bestimmtes über Noumena, der kritische denkt sie nur und wagt keine bestimmte Behauptung. Jener kennt Noumena in positiver, dieser nur in negativer Bedeutung. Der dogmatische Idealist kennt nur Begriffe von Gegenständen überhaupt, die vor dem reinen Verstande verknüpft sind, der kritische weiss, dass unsere Begriffe von Gegenständen jederzeit von der ursprünglich-gesetzmässigen Sinnlichkeit affiziert und in der Erkenntnis durch sie restringiert sind. Der dogmatische Idealist leugnet das Dasein der „Sachen" im Gegensatz zu Noumenis in positiver Bedeutung, der kritische leugnet dies Dasein nicht, er weiss nur keinen bestimmten Sinn mit ihm zu verbinden. Er weiss so wenig, was das denkende Wesen, Seele genannt, an sich ist, als er eine Behauptung über den letzten Grund der Materie wagt. Der dogmatische Idealist verwechselt die Möglichkeit, von der empirisch bestimmten Existenz zu abstrahieren, mit dem „vermeinten Bewusstsein einer abgesondert möglichen Existenz des denkenden Selbst und glaubt das Substantiale zu erkennen", der transscendentale Idealist erkennt diese Täuschung und weiss, dass er in der transscendentalen Apperzeption „eine Einheit in der Synthesis der Gedanken" und „keine wahrgenommene Einheit im Subjekte dieser Gedanken" denkt. Er unterscheidet die transscendentale Apperzeption von dem Subjekt der Inhaerenz. Wenn man also angesichts dieser scharfen Unterschiede davon spricht, dass der dogmatische Idealismus ein integrierender Bestandteil des transscendentalen sei, so ist das ebenso, als wenn man behauptet, dass die Ptolmäische Lehre der Kopernikanischen, die Astrologie der Astronomie, die Alchemie der Chemie inhaeriere.

Gemein ist beiden Auffassungen nur die Einsicht in die Thatsache, dass sich die Erkenntnis von Gegenständen im Subjekt vollzieht, dass nur Vorstellungen unserem Urteil unterliegen. Wir wollen nicht die Betrachtungen wiederholen, die in endloser Weise für diesen Gedanken angestellt worden sind. Indessen empfehlen wir die bekannte Stelle der Prolegomena aufmerksamer Lektüre: „Ich möchte gern wissen, wie denn meine Behauptungen beschaffen sein müssten, damit sie nicht einen Idealismus enthielten. Ohne Zweifel müsste ich sagen: dass die Vorstellung vom Raume nicht bloss dem Verhältnisse, was unsere Sinnlichkeit zu den Objekten hat, vollkommen gemäss sei, denn das habe ich gesagt, sondern dass sie sogar dem Objekte völlig ähnlich sei; eine Behauptung, mit der ich keinen Sinn verbinden kann, so wenig, als dass die Empfindung des Roten mit der Eigenschaft des Zinnobers, der diese Empfindung in mir erregt, eine Aehnlichkeit habe." Es handelt sich hier um eine Analogie aus unserer empirischen Beurteilung und diese Analogie setzt nur nach ihrer Art verschiedene Verhältnisse einander gleich. Das tertium comparationis ist nichtsdestoweniger gewahrt; leider hat man aber meistens das Gleichnis wie ein Beispiel verwandt. Abstrahiere ich von meinem Sehorgan, das ich verschliessen oder das auch beim Einzelnen fehlen kann, so giebt es keine rote Farbe. Sie existiert als solche nur relativ auf dies Organ. Kann man nun vom Raume, d. h. von notwendigen Bedingungen der Sinne, in derselben Weise abstrahieren und behält man dann ein mögliches räumliches Objekt übrig? Sieht man nicht, dass Kant mit dem Ding an sich nur feststellt, was man als hyperphysisches Objekt noch denken kann? Hebt man in Gedanken jenes Verhältnis unserer Sinnlichkeit zu den Objekten auf, so bleibt nur der Gedanke an ein Etwas überhaupt übrig, das in Kants „Lehre der Wahrheit", in der transscendentalen Analytik, seinen Platz erhalten hat — es ist Nichts, das zu erkennen bleibt; wir sind auf der Grenze. Es ist klar, wie der empirische Begriff eines beliebigen Objekts die individuellen Besonderheiten der einzelnen Objekte ausscheidet. Im Siebe der Abstraktion bleiben nur gewisse Vorstellungen übrig, so dass mein Begriff analytisch immer nur zwischen Grenzen bestimmbar ist. Nun abstrahiert man mit Fug und Recht in der Mathematik von allen empirischen Merkmalen und kommt zu einem reinen Begriffe vom etwas Mannigfaltigem; man macht den reinen Raum zu seinem Gegenstande, man bestimmt in diesem reinen Raume durch Begriffe Gebilde, die man durch Konstruktion jederzeit wirklich machen kann. Sie giebt empirische Objekte (gezeichnete Figuren), aber ihr Ursprung ist immer a priori. Der apriorische Begriff wird in der Figur auf einen besonderen Fall angewandt und es zeigt sich nun das eigenartige Ergebnis, dass man im Einzelnen allgemeine Bestimmungen erkennen kann. Dem entspricht kein empirisches Verfahren. Niemand schliesst aus dem Stück Gold, das er besitzt, dass Festigkeit, eine bestimmte Gestalt zu den wesentlichen allgemeinen Merkmalen des Goldes gehört. Die Winkelsumme des ebenen Dreiecks festzustellen, genügt aber ein Dreieck, wie es auch sonst beschaffen sei. Wenn man, wie neuerdings oft geschehen, diese Summe von der Grösse des Dreiecks abhängig glaubt, so vernichtet man in Gedanken die Mathematik als eine apriorische Wissenschaft. Mit dieser Behauptung tritt man auch den grossen Geometern nicht zu nahe; nicht der Mathematiker, sondern der Philosoph in ihnen gerät in Zweifel. Notwendig setzt dieser Zweifel bestimmte Vorstellungen über die Natur des Raumes voraus. Hier Klarheit zu schaffen, ist eine Aufgabe des Metaphysikers, der nicht mit Hypothesen, sondern nur mit sicher begründeten, zu Ende geführten Gedanken auftreten darf. Man ficht Axiome an, weil man nicht einsehen kann, dass sie notwendig sind.

Es geht in der Mathematik so wenig ohne Axiome, als es in der Erkenntnislehre ohne elementare Sätze geht, die allerdings nur relativ auf mögliche Erfahrung eingesehen, d. h. deduciert werden können. Hier kontrolliert die reine Sinnlichkeit die Leistungen des Verstandes, damit man nicht in leere Hirngespinste gerät. Wie die Mathematik sieht auch die Lehre von unserer Erkenntnis im Gegenstande von jedem empirischen Unterschiede ab, weil sie eben damit allgemeine Prädikate und Regeln für ein mögliches (kein bestimmtes) Objekt zu behandeln gedenkt. Dies Verfahren ist im Grunde aller Erkenntnis gemein, die ihren Gegenstand notwendig isoliert. Wie weit habe ich diese Abstraktion zu erstrecken, damit ich nicht ein blosses unrealisierbares Hirngespinst übrig behalte? Die dogmatische Metaphysik abstrahiert von jedem Unterschiede überhaupt, wenn sie von an sich seienden Wesen spricht; sie sieht also vom erkennenden Subjekt selbst ab. Bleibt da noch ein mögliches Objekt übrig, wenn ich von dem Verhältnisse der Dinge zu meinen Sinnen d. h. von meinem Vorstellungsvermögen selbst absehe oder muss ich die Entscheidung dieser Frage einer „anschauenden Vernunft" überlassen? Für den Menschen aber bleibt in der That nichts übrig, als der mögliche Gedanke.

Man pflegt zu sagen: Die Disjunktion Raum und Zeit sind entweder Anschauungsformen oder an sich seiend (materiale Bedingungen der Dinge) lasse noch eine dritte Möglichkeit zu. Die Disjunktion kann falsch sein, Raum und Zeit können beides zugleich sein. Man täuscht sich damit über sich selbst. Es kann nur die Frage sein, ob man sich zutraue, ohne die ursprünglichen Bedingungen Raum und Zeit noch ein Objekt zu erkennen, d. h. seine Natur anders zu erwägen, als dass man nun sagt, was es eben nicht sei. Jene Disjunktion ist ohnedies durch die Antinomien bei Kant als sicher erwiesen. Es bleibt nur die Frage, ob es möglich ist, dass Wesen ohne Bedingungen der Sinnlichkeit Objekte haben können, was bei uns nicht der Fall ist. In dieser Frage kann kein Widerspruch liegen, sie enthält eine problematische Möglichkeit, während unbedingt feststeht, dass wir ohne Raum und Zeit Objekte nicht haben können. Wir haben jedoch kein Recht, mit dem Hinweis auf unsere Erkenntnis die Möglichkeit anderer Erkenntnis zu leugnen. Dass aber unsere Gegenstände notwendig räumlich sind, hat Kant behauptet und es ist eine unbegreifliche Sorge um unsere Welt (den mundus phaenomenon), mit der man sich herumschlägt, während das Ding an sich kein physisches, sondern ein hyperphysisches Objekt sein würde. Es ist fast so, als ob man sich die Verantwortlichkeit für den Ursprung und Fortbestand der Welt aufladen müsste. Giebt man zu, dass man apriorische Bestimmungen für den Raum hat, so muss man auch die einzige Erklärung dafür sich gefallen lassen, dass er uns notwendig angehört und dass wir nur in ihm Erscheinungen haben, die realer Natur sind, ohne dass den Dingen an sich, die erscheinen, eine materiale Bedingung als absolut existierender Raum anhaftete. Beschäftigen wir uns in der Physik lediglich mit Erscheinungen, so kann uns ganz gleichgiltig sein, was sie an sich, d. h. unabhängig von der Art unserer Erkenntnis sein mögen. Man könnte in diesem Punkte von Berkeley manches lernen, wenn er nicht unsere Auffassung der Mathematik völlig in Verwirrung brächte. Nichts hat später so sehr zu Irrtümern und auch zum Spott den Anlass gegeben, als die harmlose Bezeichnung des Dinges an sich, die Kant vorfand. Man hat sich an das Wort gestossen. Phänomena und Noumena, Sensibilia und Intelligibilia, Erscheinungen und Dinge an sich, das waren jedermann vertraute termini; aber man darf das Wort nicht für den jeweils bestimmten Gedanken nehmen. Kant unterscheidet sich von Leibniz und seiner Schule nur dadurch, dass er jene Begriffe richtig bestimmt — er vernichtet die dogmatische Metaphysik, indem er ihr zeigt, wie sie konsequenterweise hätte denken müssen. Wenn der dogmatische Idealist seine Begriffe von Raum und Zeit samt dem, was in ihnen zur Einheit des Verstandes gebracht ist, in den Verstand legt, so kann er auf den Gedanken kommen, dass ihm die Sinne die Erkenntnis an sich seiender Dinge nur verwirren. In aller Schärfe belehrt uns Kant hier: der Unterschied in der Deutlichkeit ist ein logischer, statuiert also keine Wesensdifferenz der Objekte. Wenn man ferner Raum und Zeit zu notwendigen Bedingungen der Dinge macht, die weder als Substanzen, noch ihnen inhärierend gedacht werden, dennoch aber existieren sollen, so kann man es „dem guten Berkeley nicht verdenken, wenn er die Körper zu blossem Schein herabsetzte, ja

es müsste sogar unsere Existenz, die auf solche Art von der für sich bestehenden Realität eines Undings, wie die Zeit, abhängig gemacht wäre, mit dieser in lauter Schein verwandelt werden; eine Ungereimtheit, die sich bisher noch niemand hat zu schulden kommen lassen."
Bei Kant ist hinsichtlich seiner Stellung zum dogmatischen Idealismus zwischen der ersten und zweiten Auflage keinerlei Schwenkung eingetreten; dass er aber Gelegenheit nahm, den ins Kraut schiessenden Missverständnissen entgegenzutreten, wird ihm kein Mensch verdenken wollen. Jener Beweis der zweiten Auflage geht gegen den empirischen Idealismus des Cartesius; er hat mit den Noumenis nicht das mindeste zu thun und setzt nur das voraus, was Cartesius im cogito ergo sum als empirische Thatsache zugesteht; im übrigen aber benutzt er den nur für in der Anschauung Gegebenes erweisbaren Satz von der Beharrung der Substanz, für den kein Vorgänger Kants auch nur einen Beweis versucht hatte. Dass jener Beweis aber Argumente entkräftet, deren sich der dogmatische Idealist mit dem empirischen zugleich bedient, kann man nicht als eine Schwenkung auffassen. Kant hat ja in der ersten Auflage schon darauf hingewiesen, wie jene dogmatisch-dualistische Voraussetzung im Grunde alle Idealisten irregeleitet hat.

Vaihinger sucht gegen Kuno Fischer zu beweisen, dass der Widerspruch in beiden Auflagen bestehe und er führt als Beleg den folgenden Satz an: „Alle äussere Wahrnehmung also beweiset unmittelbar etwas Wirkliches im Raume, ... und insofern ist also der empirische Realismus ausser Zweifel, d. i. es korrespondiert unserer äusseren Anschauung etwas Wirkliches im Raume". Er nimmt ferner Anstoss daran, dass unsere äusseren Sinne „ihre wirklichen korrespondierenden Gegenstände im Raume haben". Diese Stellen sollen in einem Gegensatz zu früheren stehen, nach denen die Aussenwelt „nichts als unsere Vorstellung, und abgesondert von ihr — Nichts sei." Es ist kein Zweifel, dass der Widerspruch in beiden Auflagen besteht, wofern er überhaupt existiert. Aber dieser Widerspruch existiert in Wirklichkeit nicht. Um Missdeutungen zu verhüten, hat der Schriftsteller Stellen der Paralogismen ausgemerzt; indessen hätte er sehr wohl ein Recht darauf gehabt, dass man auch ohne eine zweite Auflage seiner systematischen Entwicklung gefolgt wäre. Jenes Absondern heisst so viel wie Abstrahieren; jenes „Nichts" aber ist von Kant ausdrücklich definiert worden und es kommt nur darauf an, was in ihm negiert wird. In seiner Tafel hat Kant dieses Nichts = Leerer Begriff ohne Gegenstand (ens rationis) ausdrücklich gekennzeichnet. Es bleibt nach jener Absonderung nichts Erkennbares das heisst es bleibt für uns nichts übrig. Wir lesen nun bei Vaihinger: „Nach den eben mitgeteilten Stellen korrespondiert unseren äusseren Anschauungen etwas Wirkliches im Raume", während nach dem früheren Nichts da sei. Wo aber hat Kant in den eben erwähnten Stellen gesagt, dass er die Anschauung abgesondert habe? Wie kann man einen Widerspruch darin finden, dass Kant wirkliche Gegenstände der Erfahrung von an sich seienden, nur gedachten vermeintlichen Objekten unterscheidet? Vaihinger fährt fort: „es ist also jetzt zweierlei da: 1. die äussere Anschauung, 2. der korrespondierende wirkliche Gegenstand. Nach den früheren Stellen ist nur Eines da: die Vorstellung oder Anschauung. Im philosophischen Denken ist die Gleichung $2 = 1$ nicht erlaubt. Entweder also wollen wir annehmen: Vorstellung und Ding im Raume oder blosse Vorstellung (entweder: die Aussenwelt noch ausser der Wahrnehmung oder die Aussenwelt nur als Wahrnehmung) — aber Beides zugleich geht nicht an." Man weiss nicht, wie man zuerst dieser eigenartigen völlig mechanischen Argumentation entgegentreten soll. Warum nahm der Verfasser nicht das Ding an sich noch hinzu, dann hatte man ja gleich 3 für 1. Er sagt uns ja selbst, dass nach Kant eine Welt von Dingen an sich existiere. Im „philosophischen" Denken ist es nicht erlaubt, die Möglichkeit von Abstraktionen mit realen Scheidungen zu verwechseln. Kant behauptet keine empirische Aussenwelt ausser der Wahrnehmung, wenn er verlangt, dass man das anschauende Subjekt von den Gegenständen unterscheidet, die es im Raume anschaut. Aber er hat ein Recht, als transscendentaler Idealist zu lehren: Das Ding, das erkannt wird, ist nicht ausser der Wahrnehmung, sondern es ist in der Wahrnehmung und zwar ist es durch empirische Anschauung gegeben und niemals ohne sie. Kant zeigt, dass unsere Abstraktionen notwendig dazu führen, Raum und Zeit als notwendige Bedingungen zum Subjekt zu rechnen, ohne die es keiner empirischen Vorstellung im Raume und in der Zeit fähig sein würde. Diese Untersuchung ist transscendental und nicht empirisch; man hat aber kein Recht, die zu erklärende Thatsache mit der Erklärung selbst durch lediglich sophistische Künste in einen Widerstreit zu bringen. Jenes Korrespondieren ist eine Thatsache, die zur Einsicht zu bringen war. Auch Berkeley hätte sie nicht geleugnet; man kann die Erfahrung, die man als Metaphysiker zum Verständnis bringen will, nicht vorerst bestreiten; denn das wäre sinnlose Arbeit. Berkeley leugnet nicht die Erfahrung und auch nicht die Existenz von Körpern im empirischen Sinne, aber er sucht zum Verständnis zu bringen, dass diese Erfahrung ohne die Realität der nach ihm innerlich widersprechenden Materie möglich sei. Berkeley sagt, es existieren keine Körper ausserhalb des Geistes, es ist eine Täuschung, die man jedem klar machen kann. „Man mache die Voraussetzung... eine Intelligenz habe ohne Mitwirkung äusserer Körper die nämliche Reihe von Sinneswahrnehmungen oder Ideen, die ihr habt, und zwar sei dieselbe in der nämlichen Ordnung und mit gleicher Lebhaftigkeit dem Geiste eingeprägt. Ich frage, ob diese Intelligenz nicht ganz eben den Grund habe, die Existenz körperlicher Substanzen, die durch seine Ideen repräsentiert würden und dieselben in ihr anregten, anzunehmen, den ihr möglicherweise haben könnt, das Nämliche anzunehmen?" Jene empirische Korrespondenz stand also auch für Berkeley nicht in Frage, er speiste indessen seine Leser mit logischen Möglichkeiten ab, die in der That alle Erfahrung in Schein verwandeln mussten. Kant lehrt dagegen, die Gegenstände in der Erfahrung sind wirklich in den Sinnen und nicht bloss in der Einbildung gegeben, ihr tragt in der ursprünglich gesetzmässigen Sinnlichkeit schon die Möglichkeit, sie zu erkennen, in euch. Ihr braucht nicht aus Eurem Selbstbewusstsein herauszugehen, die empirische Realität der Körper einzusehen, denn Ihr erkennt sie gar nicht anders als Euch selbst. Auch das eigene Dasein ist nicht anders als empirisch erkennbar, man weiss so wenig von an sich seienden denkenden als von an sich seienden körperlichen Wesen. — Es ist seltsam, dass man erst entdecken muss, dass Kant die empirische Realität der Aussenwelt lehrt — man fragt sich, was man nur bei der ganzen Lehre und im Besonderen bei den dynamischen Grundsätzen des Verstandes sich denken konnte, wenn er diese mögliche empirische Korrespondenz von Gegenständen geleugnet hätte?

Vaihinger hat übrigens in den beiden citierten Stellen sehr gewichtige Worte ausgemerzt, die er später ergänzt, um den Widerspruch um so schärfer hervortreten zu lassen. In der ersten Stelle heisst es: „die Wahrnehmung ist das Wirkliche selbst", in der zweiten von den Erscheinungen: „die auch nichts anderes als blosse Vorstellungen sind". Also nicht bloss im ganzen Buche, sondern auch in diesen beiden Sätzen findet sich derselbe „schreiende Widerspruch". So verblendet war Kant, dass er nicht einmal in wenigen Zeilen das Widersprechende seiner Worte bemerkte; man gewinnt wirklich den Eindruck, dass dazu in seinem Kopfe eine geniale Verwirrung die Herrschaft übernommen hatte. Und doch müht er sich nur ab, Philosophen zu lehren, dass man trotz eines reinen (allgemein geltenden) Verstandes und trotz einer reinen (für alle uns möglichen Gegenstände und für alle Menschen gleichgearteten) ursprünglich-gesetzmässigen Sinnlichkeit keiner Erkenntnis fähig sei, die sich auf Dinge an sich, bei denen man vom Erkenntnisvermögen, d. h. von der Beziehung auf Wesen unserer Art selbst abstrahiert, erstrecken könne.

Indessen gehe man doch einmal von der abstrakten Untersuchung zur gemeinen Erfahrung selbst über. Dort steht ein Haus, hier ist eine Lampe, die Sonne steht am Horizont. Was sagen nur alle diese Existentialurteile anders, als dass ich keine Einbildung, sondern eine Wahrnehmung habe, der wirkliche Gegenstände korrespondieren? Was habe ich von ihnen ausser der Wahrnehmung, was weiss ich von ihnen „ausser der Wahrnehmung", der Raum und Zeit zugrunde liegt? Bezieht man nicht alle Vorstellungen „den datis nach woraus Erfahrung entspringen kann, auf wirklich korrespondierende Gegenstände". Für den Empiriker, der nicht dogmatisch wird, war die ganze Untersuchung ohnedies nicht nötig, wie oft hat Kant erklärt, dass er nur die Grenzen der reinen, a priori forschenden Vernunft ziehen, und damit auch der Physik ihren Horizont bestimmen wolle. Nur dass ich in meinen Wahrnehmungen Noumena,

d. h. unmittelbar vor dem Verstande Verknüpftes, an sich Seiendes erkenne, hat der kritische Philosoph ein Recht zu bestreiten. Unsere Erkenntnis des eigenen Daseins und die der Körper ist von derselben Natur, es sind nur verschiedene Arten von Vorstellungen, die uns gegeben sind — man darf also so wenig von einem vermeintlich erkannten Substantiale der Seele, als von einer vermeintlich bestimmten absoluten Substanz der Körper auf die Welt an sich schliessen. Man weiss von beiden nur, dass man seine für den empirischen Gebrauch notwendigen Verstandesbegriffe von eben den Bedingungen losgelöst hat, in denen sie allein einen bestimmten Sinn erhalten können. In den Erscheinungen finden wir das „Gänzlich-unbedingte" nicht; es ist wider ihren Begriff, es hier, d. h. im Raume und in der Zeit, zu suchen. Kant behauptet nicht mehr, als er vertreten kann. Sein transscendentaler Idealismus erlaubt es, dass die Gegenstände äusserer Anschauung ebenso, wie sie im Raume angeschaut werden, auch wirklich seien. Aus diesem auch wird bei Vaihinger eine neben der Anschauung vorhandene Welt abgeleitet. Ist das einem Manne gegenüber erlaubt, der so sicher leitet: „Die empirische Anschauung", heisst es in der 1. Aufl. (K. S. 363) ist ... nicht zusammengesetzt aus Erscheinungen und dem Raume (der Wahrnehmung und der leeren Anschauung). Eines ist nicht des anderen, Correlatum der Synthesis, sondern nur in einer und derselben empirischen Anschauung verbunden, als Materie und Form derselben."

Es ist nun eigenartig, dass Vaihinger eine Entdeckung macht, die auf jenen Widerspruch von einer ganz neuen Seite hinführen soll. Die „Existenz einer von der Vorstellung unabhängigen Körperwelt" ergiebt sich hiernach als eine Schlussfolgerung aus den Grundpositionen der Kritik. Die realistische Darstellung soll von diesem Standpunkte nicht als ein schwächlicher Rückfall in den naiven Realismus, sondern als eine notwendige Konsequenz erscheinen. Bevor wir an jene Entdeckung uns heranwagen, einige Bemerkungen über jene realistische Darstellung. Was ist bei allen kantischen Untersuchungen die thatsächliche Voraussetzung? Offenbar nichts anderes als die Erfahrung selbst, die kein Mensch zu leugnen imstande ist. Man fragt sich philosophisch, was ist hier Wahrheit, was Trug; wessen bin ich gewiss, was sehe ich ein, was nicht? Die Erfahrung anzuerkennen ist nicht naiv, sondern philosophisch. Der philosophische, spekulative Verstand und der gesunde Verstand stehen nicht in einem Gegensatz, sie haben nur andere Aufgaben. Der gemeine Verstand versteht unter Umständen den philosophischen nicht; er hat ein Recht, das zu äussern, aber eben deshalb noch kein Recht zur Kritik, weil er in der Metaphysik kein Urteil hat. Der naive Verstand merkt nicht, dass und wie er mit den ihm gesetzten Bedingungen bei jeder Erkenntnis von Dingen immer mitbeteiligt ist, er nimmt die Dinge, wie sie ihm erscheinen, und hält sie in derselben Weise auch für an sich existent. Er zählt sich nicht mit, wie Kinder unter Umständen beim Zählen von Personen sich selbst übergehen. Der philosophische Verstand steht im Banne naiver Anschauungen — bis Immanuel Kant erscheint. Alle vorhergehenden Auffassungen leiden an der falschen Beurteilung von Raum und Zeit trotz allem Idealismus. Indem Kant die Thatsache feststellt, dass der transscendentale Realismus mit seiner Wertung von Raum und Zeit alle Inkonsequenzen verschuldet habe, befreit er die philosophische Spekulation von der Naivetät, die ihr jeweils noch angehaftet hat. Aber vor allem anderen hat er die Erfahrung selbst anzuerkennen; das ist eben die Erkenntnis äusserer und innerer Objekte. Sie ist als Thatsache gegeben, darin hat kein Philosoph vor dem gewöhnlichen Sterblichen das mindeste voraus, aber damit ist sie eben noch nicht eingesehen. In der Anerkennung jener Thatsache liegt so wenig eine petitio principii, als sie von der Theorie der Optik begangen wird, wenn sie Lichterscheinungen voraussetzt. Den vorkantischen Philosophen ist das ganz klar gewesen; Leibniz sagt: Die Erfahrung ist wirklich, also muss sie auch möglich sein. Wenn man Berkeley mit dem von Vaihinger an die Kritik angelegten Massstabe misst, so hat Berkeley jedesmal einen Widerspruch begangen, wenn er von Körpern spricht. Berkeley hat sich ja selbst sattsam verwahrt und er spricht da vielfach immer auch für Kant mit. Es entsteht auch kein Widerspruch, wenn jemand sagt, dass die Rose rot und der Himmel blau sei, obwohl er über die Natur der optischen Erscheinungen aufgeklärt ist. Das ist eine Analogie und kein Beispiel für die kantische Auffassung. — Kant sagt uns nun frühe genug, dass Raum und Zeit empirische Realität haben, dass seine transscendental behauptete Idealität eben nichts anderes als die Möglichkeit, von Gegenständen a priori etwas zu wissen, bedeute. Der von Vaihinger entdeckte Realismus ist nichts anderes als der empirische Dualismus, der aus jeder Erkenntniskritik schon deshalb sich notwendig ergeben muss, weil er das zu erklärende Faktum bedeutet. Kann man ihn nicht behaupten, so läuft das allerdings auf einen Hohn auf die allgemeine Menschenvernunft hinaus. Die Existenz einer von der Vorstellung „unabhängigen" Körperwelt kann hierbei ebensowenig bewiesen oder gefolgert werden, als man aus jenen der Missdeutung fähigen, von Kant ausgemerzten Stellen folgern darf, dass die Aussenwelt unsere blosse Vorstellung (im Gegensatze zur objektiven Realität) sei. Empirisch unterscheidet man mit Recht seine Vorstellung als solche von dem Gegenstande, auf den man sie bezieht, als man die blosse Vorstellung (= Einbildung) von der Wahrnehmung der Objekte zu unterscheiden ein Recht hat. Die Existenz lässt sich nach empirischen Gesetzen immer von der Täuschung und vom Wahne unterscheiden, ohne dass man den vagen Unterschied einer grösseren und geringeren Lebhaftigkeit der Vorstellungen anzurufen hat. Jene Unterscheidung von Realität und Einbildung ist ja selbst wieder eine Erfahrung und setzt die Möglichkeit einer allgemeinen Bestimmung nach Verstandesbegriffen voraus.

Wenn das Komplement transscendentale Idealität und empirische Realität bei Kant einen Widerspruch bedeuten würde, so wäre jede theoretische Physik zu beanstanden, die hier von Wellenbewegungen und zugleich auch von der roten Farbe spricht. Um Missdeutungen zu verhüten, füge ich auch hier hinzu, dass in dieser Analogie die Urteile und nicht die ihnen unterliegende Urteilsmaterie, die Sache selbst, verglichen wird.

Es folgt nun bei Vaihinger eine Untersuchung, die durchaus dogmatisch ist, d. h. aus blossen Begriffen Folgerungen zieht, die aber auch als solche nicht zutreffend sind. Die Prämissen sind folgende: „Es gibt nach Kant eine Welt von Dingen an sich. Auch unseren inneren Erscheinungen liegt ein Ding an sich zugrunde oder, wenn man lieber will, ein Ich an sich. Letzteres stellt sich dar als das transscendentale Bewusstsein, die transscendentale Apperzeption. Die Dinge an sich afficieren das transscendentale Subjekt und ausserdem „afficiert es sich selbst". Durch jene Affektion entstehen Erscheinungen des äusseren Sinnes, durch diese Erscheinungen des inneren Sinnes." Man wird schwerlich in diesen mechanischen Zerlegungen Kant wieder erkennen. Die Verknüpfung des inneren und äusseren Sinnes wird hier ohnedies auseinandergerissen. Indessen drehen wir einmal die Sache in kantischem Sinne herum. Kant sagt: Wir haben Erfahrung, deren Möglichkeit auf Verknüpfung der Vorstellungen im inneren Sinne beruht. Alle Vorstellungen werden entweder auf äussere oder innere Gegenstände bezogen, deren Möglichkeit als (erkennbare) Objekte auf Kategorien beruht, durch die alle Vorstellungen zur Einheit der Apperzeption gebracht werden müssen. Die transscendentale Apperzeption, eine Abstraktion aus jedem Erkenntnis, ist a priori einzusehen; sie ist rein intellektuell, das Vehikel aller Verstandesbegriffe, die Möglichkeit jedes Verstandesgebrauchs in der Erfahrung. Wir kennen dies „Ich denke" nur durch das empirische Ich, sehen aber ein, dass es notwendig und allgemein jede Vorstellung begleiten muss, wenn es „meine Vorstellung" sein soll. Wir haben Vorstellungen verschiedener Art, die ohne die Sinne nicht möglich sind, und wenn wir uns als Subjekt von allen Körpern unterscheiden, so ist die Art der Kenntnis in der Erfahrung für beide Arten sinnlich bedingt und nicht rein intellektuell. Denken wir für die Erscheinungen einen transscendentalen Grund, so denken wir ihn nach reinen Verstandesbegriffen, wir haben keine intelligibeln Objekte und wissen also so wenig von der Natur des transscendentalen Subjekts (des Subjekts der Inhaerenz) als vom transscendentalen Objekt. Wir denken uns jene unbekannten Dinge nach reinem Verstandesbegriffe in einer Gemeinschaft, können aber die Art dieser Gemeinschaft nicht bestimmen; wir erkennen nur das Etwas überhaupt, das wir logisch einen, in seinem Verhältnis zu unseren Sinnen.

Es liegt auf der Hand, dass, wenn wir nun dogmatisch die Sache herumdrehen und behaupten: Hier ist ein transscendentales Subjekt (das wir nicht kennen); hier ist ein transscendentales Objekt (das wir ebensowenig kennen), wir aus diesem Gedanken nichts anderes herausbringen können, als er zuvor enthielt. Nicht mehr und nicht weniger. Hier ist nichts und da ist nichts. Sehen wir zu, was Vaihinger gelingt, herauszudeducieren. Er sagt: „Schon aus diesen grundlegenden Bestimmungen ergiebt sich nun bei streng konsequenter Verfolgung des Gedankengangs eine merkwürdige Folgerung: Ist auch die Innenwelt, die ganze Domäne der psychischen Vorgänge, blosse Erscheinung eines unbekannten Dinges an sich, „verschwindet so der Vorzug" der Innenwelt vor der Aussenwelt, so stehen beide gleichwertig paritätisch auf derselben Stufe; sie sind beide nur Vorstellungen, Erscheinungen. Daher kann der Träger dieser Vorstellungen nicht wiederum die empirische Innenwelt des empirisch bewussten Individuum sein (denn diese ist ja selbst wiederum gleichwertige Erscheinung), sondern der Träger der Vorstellung der Aussenwelt muss jenes transscendentale Ich sein." Kant kennt die transscendentale Apperzeption als Erkenntnisbedingung und kann das transscendentale Subjekt nur als Subjekt denken, das nicht wieder Prädikat sein kann. Es ist für uns Sterbliche Subjekt im Begriff, aber nicht Substanz in der Anschauung. Kant denkt für alle Erscheinungen einen transscendentalen Grund und also auch für das empirische Ich. Das kennt er aber und er weiss, dass keine Vorstellung zur Einheit des Bewusstseins kommen kann, ohne den inneren Sinn zu passieren. Wiefern folgt nun daraus, dass ein transscendentales (unerforschliches) Subjekt alle Vorstellungen tragen muss, dass „die Aussenwelt als Vorstellung eben nicht im empirischen Ich enthalten, sondern von diesem unabhängig da sein muss"?

Soll das heissen, dass das empirische Subjekt nicht die ganze Aussenwelt kennt? Dann aber fällt die ganze Vaihinger'sche Argumentation schon auf den ersten Anhieb, weil sie ein grobes Missverständnis blosslegt. Kant behauptet ja eben, dass Raum und Zeit mit uns a priori verbunden sind und dass wir mit der Kenntnis ihrer formalen Gesetze noch gar nichts von empirischen Gegenständen wissen. Sie haben nur dadurch Sinn, dass wir sie auf mögliche Gegenstände beziehen können. Nun heisst aber eben jene Thatsache: Raum und Zeit sind a priorische Formen unserer Sinne und weiter nichts, dass unsere Erkenntnis von Gegenständen vom Subjekt abhängig ist und dass sie nicht an sich so sind, wie wir sie erkennen. Denn sondern wir Raum und Zeit von ihnen ab, so haben wir die Bedingungen der sinnlichen Anschauung und also auch die ganze Sinnlichkeit oder, was dasselbe sagt, die ganze Welt der Erscheinungen in Gedanken aufgehoben. Was soll also jene Unabhängigkeit noch bedeuten? Jedermann giebt zu, dass die Farbe fortfällt, wenn kein Auge da ist, sie zu sehen. Folgt nun daraus, dass die Farbe auch unabhängig vom Subjekt da ist, wenn ich das transscendentale Subjekt, das doch wohl keine Augen zur Verfügung hat, isoliere? Wenn es alle Vorstellungen trägt, so trägt es doch wohl die der Farbe mit?

Kant denkt sich jenes transscendentale Subjekt als etwas Unerforschliches, wie denkt es sich Vaihinger, um aus seiner Natur zu schliessen, dass die Aussenwelt als Vorstellung unabhängig vom empirischen Ich da sein muss?

Jene Vorstellungen müssen da sein, damit sie getragen werden können. Sie müssen also auf irgend eine Weise in den Besitz jenes transscendentalen Subjekts gelangen können, wenn man schon zugeben wollte, dass ein empirisches Subjekt, das nur Erscheinung ist, nicht sich selbst vorstellen könnte, wie es eben jetzt sich durch die Präsenz von Vorstellungen darstellt. Indessen kommt es hierauf gar nicht an, sondern auf jene von dem empirischen Ich „unabhängige Aussenwelt". Mit der kühnen Freiheit des Dogmatikers hat sich Vaihinger über das empirische Ich hinweggesetzt, das des Raums und der Zeit beraubte transscendentale Subjekt, das offenbar nun nur denkt, vor sich hingestellt — was kann er ihm entgegenstellen, als was nur Gedanke ist — die an sich seiende Sachenwelt, das transscendentale Objekt, das der Fähigkeit beraubt ist, in ein Verhältnis zur Sinnlichkeit zu treten, die die Möglichkeit des empirischen Ichs thatsächlich bedeutet? Das ganze Kunststück ist ja nicht neu und es stammt nicht von Kant, der es zuerst in seiner ganzen Blösse gezeigt hat. Leibniz macht das ja viel geschickter. Er denkt sich unter Ausschaltung alles Empirischen die intelligible Welt, den allgemeinen Begriff einer Welt, die wir von den Sinnen frei gemacht haben. Er kommt so auf eine ideale Gemeinschaft von Substanzen — wie das nicht anders denkbar war, ist und sein wird — und da er nun die

Wechselwirkung unter ihnen nicht mehr verstehen kann, so greift er zu dem Mittel, das übrig blieb, einer metaphysischen Hypothese, die nicht um ein Haar begreiflicher macht, was unbegreiflich ist, war und sein wird.

Vaihinger operiert nun mit der „von unserer empirischen Vorstellung unabhängigen Aussenwelt", ohne den Begriff erfasst zu haben, den Kant mit der empirischen Realität der Aussenwelt verbindet. Der „verschwundene Vorzug" der inneren Erscheinung vor der äusseren sagt ja nichts anderes, als dass wir des Raumes als einer notwendigen Vorstellung a priori sicher und sofern mit derselben Unmittelbarkeit uns der äusseren Erscheinung bewusst werden, als unserer Gedanken. Wir schliessen nicht auf die Existenz unseres Leibes, weil wir nicht die Einbildung haben, als sei das denkende Ding im unmittelbaren Verstandesverkehr mit Dingen, die es als an sich äussere Ursachen auffassen müsste. Wir wissen gewiss, dass alles im Raume von derselben Realität ist, als was der innere Sinn uns vorstellt, und wir halten mit Recht dem Cartesius entgegen, dass innere Erfahrung ohne äussere schon deshalb nicht denkbar sei, weil unsere einfachsten Relationsbegriffe nur in äusserer Anschauung zur Deutlichkeit gebracht werden könne. Es ist auch kein Axiom von dem Wesen der Zeit anders erkennbar, als an dem Bilde einer Geraden, die wir der äusseren Anschauung verdanken.

Es mag verstattet sein, nochmals die Gedanken zu verfolgen, die Kant mit dem Begriffe der transscendentalen Apperzeption verbindet, die bei Vaihinger offenbar völlig missverstanden worden sind. Diese transscendentale Apperzeption bedeutet, dass Ich logisches Subjekt aller meiner Gedanken bin. Der Fehler, der von Kant aufgedeckt wird, liegt nun gerade darin, dass man diese **formale Bedingung des Denkens, die logische Einheit jedes Gedankens, für das Ich selbst in unbedingter Einheit vorstellt, dass man dies Ich denke, das nur eine Synthesis des Gedankens mit dem Subjekt ist, für die synthetische Vorstellung eines Objekts** selbst hält. Von einem bestimmten oder bestimmbaren Gegenstande kann aber gar nicht die Rede sein, wenn ich die Bedingungen des Denkens erwäge, und die analytischen Urteile, die aus jenem „Ich denke" hergeleitet werden, zeigen, dass es Substanz im Begriffe, einfach im Begriffe, Einheit im Begriffe, ein Dasein im Begriffe ist, sie geben aber keinen Aufschluss über die Natur eines unbedingten Subjekts. Der dogmatische Idealist hat also kein Recht, von der vermeintlichen Natur einer ihm, wie es ihm scheint, an sich bekannten Sache auf die Natur aller zu schliessen. Vaihinger hätte sich die Einführnng des Ich an sich vollkommen ersparen können, wenn er mit Kant nur gesagt hätte, dass die inneren und äusseren Vorstellungen immer von dem Ich denke begleitet sein müssen, denn mehr sagt die transscendentale Apperzeption nicht, als dass ich mich im Denken meiner Existenz nur zum Subjekt des Urteils gebrauchen kann. Wenn ich, alle Erscheinungen des inneren Sinnes überfliegend, einem unbekannten Grunde X alles auf Rechnung setze, so habe ich nichts anderes gethan, als in der Erfahrung Gegebenes entweder im Besonderen oder in allgemeiner (transscendentaler) Betrachtung beschrieben. Wähle ich das letztere, so habe ich von allem Inhalte abstrahiert; ich muss dabei auf Thatsachen apriorischer Natur stossen, die allen erkennenden Wesen meiner Art ohne Unterschied gemein sind; ich komme, wenn ich nur vom erkennenden Subjekt (das schon eine Abstraktion bedeutet) ausgehe, auf gewisse notwendige Bedingungen, an deren Spitze die transscendentale Apperzeption steht, die dem empirisch sich bestimmenden Subjekt immanent ist, wie ich überhaupt erst durch „Absonderung" alles Inhalts der Gedanken zur Feststellung dieser Thatsache gelangt bin. Ich kann sie um deswillen der Erfahrung (dem besonderen gleichgültigen empirischen Gegenstande) selbst nicht zuschreiben, weil sie die notwendige Bedingung der Erfahrung selbst ist. Den letzten Ursprung der Erfahrungsbedingungen kennen wir nicht, aber diese können wir mit Rücksicht auf Erfahrung einsehen. Nun besteht alle Erfahrung, wie sie auch heisse, in der synthetischen Verknüpfung von Wahrnehmungen, deren Mannigfaltiges, in den Sinnen gegeben, den inneren Sinn passieren muss, damit es zur Einheit der Apperzeption gebracht werden könne. So finden die Begriffe des Verstandes ihre Realität. Habe ich aber vom inneren Sinn abstrahiert, so bleibt der Gedanke eines ens rationis, d. h. es bleibt nichts Erkennbares in meinem Gedanken. Wir wissen a priori von Dingen an sich selbst, die bloss vor dem Verstande verknüpft sein würden, nichts und brauchen es auch nicht. Kants Lehre zeigt mit unwiderstehlicher Gewissheit, dass wir nicht mit unserer Erkenntnis zum An sich der Dinge vordringen können und dass wir also auch nicht nötig haben, uns den Kopf über ein Problem zu zerbrechen, das die dogmatische Metaphysik in guter Meinung zwar, aber ohne jeden Erfolg hin und her gewürfelt hat.

(Schluss folgt.)

nicht wert, dass die Geschichte sich seiner annehme, er hat die Welt als „versinnlichtes Material der Pflicht" nicht verstanden. Er hat, im besten Falle, sich mit den Gesetzen menschlicher Beschränktheit nicht abzufinden gewusst, die gebieten, dass um der Kürze des Lebens willen dem Aufnehmen und Lernenwollen irgend einmal eine Grenze gesetzt werden muss, um für das Ausgeben und Handeln noch Zeit zu lassen, ja dass ein Nebeneinander beider den Wert und Zweck des Menschenlebens ausmacht.

Was wir bei der Betrachtung der Geschichte beklagen, ist nicht die Uebergehung solcher, die nicht wirken wollen, oder aus inneren Gründen es nicht können — diese sind immerhin die interessanteren —, sondern ihr Schweigen über alle diejenigen, denen Hemmnisse äusserer Art die Befriedigung ihres Wirkungsdranges, die Bereicherung und Verwertung des Schatzes ihrer Persönlichkeit nicht gestatteten. Umsomehr müssen wir versuchen, bei der so bedauerlichen Begrenzung unserer Aufgabe, durch Gründlichkeit ihrer Bearbeitung zu ersetzen, was uns an Vollständigkeit der Berücksichtigung ihres ganzen Umfangs versagt bleibt.

VIII.
Kants Widerlegung des Idealismus.
Von
Ludwig Goldschmidt in Gotha.
(Schluss.)

Jene ganze Vaihingersche „konsequente Schlussfolgerung" haben wir oben in ihr Nichts aufgelöst. Der Gedankengang hat übrigens ein Vorbild in der Kritik selbst und es mag nicht uninteressant sein, einen Vergleich zu ziehen. Man kann sagen, dass die Paralogismen erster und zweiter Auflage direkt gegen den dogmatischen Idealismus gerichtet sind, dessen Wesen eben darin besteht, von der vermeintlichen Erkenntnis eines intelligibeln Subjekts seinen Ausgang zu nehmen. Das Problem der Gemeinschaft, in dem unser denkendes Subjekt mit den Dingen ausser uns steht, hat in der ersten Auflage eine erschöpfende Behandlung erfahren; in der zweiten wird mit Recht darauf verwiesen, dass seine eigentliche Schwierigkeit, die Frage, wie überhaupt eine Gemeinschaft von (intelligibeln) Substanzen denkbar sei, ausser unserem Horizonte liegt.

Jenes Problem findet folgende dogmatische Lösungsversuche; es wird behauptet
1. der physische Einfluss,
2. die vorherbestimmte Harmonie,
3. die übernatürliche Assistenz.

Alle diese drei Systeme nehmen Erscheinungen für Dinge an sich selbst, d. h. für Dinge, die nach blossen Begriffen gedacht und bestimmt werden können. Es kommt hier nicht darauf an, dass wir uns eine Gemeinschaft von intelligibeln Substanzen nur denken; das kann niemandem gewehrt werden und es ist schliesslich nichts anders möglich, wenn wir nach reinen Begriffen zu denken uns anschicken. Es ist ja damit, wenn man sich selbst prüft, eigentlich noch gar nichts gedacht. Man will aber Bestimmtes über die Art dieser Gemeinschaft wissen. Die beiden letzten Theorien stellen sich dem influxus physicus entgegen. Damit aber adoptieren sie, wie man sich leicht überzeugt, dessen eigene Voraussetzung. Denn hätten sie sich überzeugt, dass die Materie nichts als Erscheinung (Phänomenon) ist, so könnten sie auch dem Vertreter des physischen Einflusses nicht entgegenhalten, dass die Materie nicht die (an sich) äussere Ursache von Vorstellungen im Gemüte sein könne. In der That würde dieser Einwurf ganz sinnlos sein. Wofern sie also richtig, d. h. nach den Grundsätzen der Kritik verfahren wollten, so müssten sie von ihrem eigenen Standpunkte behaupten, dass das, was der wahre (transscendentale) Gegenstand unserer äusseren Sinne ist, nicht die Ursache derjenigen Vorstellungen (Erscheinungen) sein könne, die wir unter dem Namen Materie verstehen. Das hiesse aber, dass sie einen Einwand erheben, der keiner ist, weil man kein Recht auf ihn hat. „Da niemand mit Grund vorgeben kann, etwas von der transscendentalen Ursache unserer Vorstellungen äusserer Sinne zu kennen, so ist ihre Behauptung ganz grundlos." Hier haben wir also Kants kritisches Verdikt, das nur die Beurteilung, nicht die Sache selbst prüft. Nun argumentieren aber die Dogmatiker nicht so, sondern sie behaupten ein drittes Wesen, um anstelle der Wechselwirkung doch wenigstens Korrespondenz und Harmonie zwischen denkendem und ausgedehntem Wesen herzustellen. Mit dem Deus ex machina, den sie nötig haben, adoptieren sie also die transscendental-dualistische Voraussetzung, d. h. sie machen die Materie aus einer Erscheinung, der ein unbekannter Gegenstand entspricht, zu dem Gegenstand an sich selbst, „so wie er ausser uns und unabhängig von aller Sinnlichkeit existiert". Man sieht, wie Kant dem dogmatischen Idealismus hier in aller Bündigkeit nachweist, dass er selbst die gegnerische Voraussetzung adoptiert, indem er sie widerlegt. Die Widerlegung erkennt ja eine Schwierigkeit an, die für ihren Standpunkt schon gehoben sein müsste.

Indem Kant die Materie einem unbekannten Grunde zuschreibt, schwindet jede Möglichkeit, über die Gemeinschaft der Substanzen sich ferner zu streiten, da man von einer unbekannten Ursache nicht wissen kann, was sie thun und lassen kann. Kant kannte die Sicherheit einer Position, die nicht mehr behauptet, als sie zu vertreten vermag. Man kann vor allem Irrtum gesichert bleiben", sagt der Philosoph, „wenn man sich da nicht unterfängt zu urteilen, wo man nicht so viel weiss, als zu einem bestimmenden Urteile erforderlich ist". Indem er in aller Konsequenz behauptet, dass man „Vorstellungen nicht hypostasieren und ausser sich versetzen dürfe", vereitelt er die dogmatische Behauptung eines influxus physicus, zugleich aber auch jene scheinbar bestimmten Lösungen einer Aufgabe, die man beruhigt dem Schöpfer aller Dinge anheimzustellen hat.

„Die berüchtigte Frage wegen der Gemeinschaft des Denkenden und Ausgedehnten würde also, wenn man alles Eingebildete absondert, lediglich darauf hinauslaufen: wie in einem denkenden Subjekt überhaupt äussere Anschauung, nämlich die des Raumes (einer Erfüllung desselben, Gestalt und Bewegung) möglich sei? Auf diese Frage ist es aber keinem Menschen möglich, eine Antwort zu finden und man kann diese Lücke unseres Wissens niemals ausfüllen, sondern nur dadurch bezeichnen, dass man die äusseren Erscheinungen einem transscendentalen Gegenstande zuschreibt, welcher die Ursache dieser Art Vorstellungen ist, den wir aber gar nicht kennen, noch jemals einigen Begriff von ihm bekommen werden." Wir haben oben bei Vaihinger gesehen, wie er dogmatisch die Existenz der Aussenwelt beweist, indem er dem unbestimmbaren transscendentalen Subjekt eine Fähigkeit zuspricht, „Träger" der Vorstellungen der Aussenwelt zu sein, um durch eine mechanische Zerteilung des Subjekts das empirische Ich von dieser Leistung zu entbinden, damit nun aus Kants Lehre eine vom Einzelsubjekt „unabhängige" Aussenwelt als existent folge. Man sieht leicht, wie jene Argumentation sich völlig im Kreise herumbewegen muss. Diese Kreisbewegung hätte man sich sparen können, woferu man sich gegenwärtig hielt, wo Kant seinen festen Standpunkt sucht und welchem Ziele er zustrebt. Kant hat zwei Thatsachen, von denen er ausgeht:

1. Es giebt Erfahrung, d. h. gesetzmässige Erkenntnis von Objekten, die dem Menschen gegeben sind.
2. Es giebt reine synthetische Erkenntnis.

Er fragt, wie letztere möglich sei und allein ihre Realität nachweisen könne und findet, dass sie sich nur auf mögliche Erfahrung beziehen könne, wenngleich wir nicht allein imstande, sondern auch gezwungen sind, an sich seiende Dinge zu denken. Es bleibt die problematische Möglichkeit der Noumene, d. h. von Objekten für eine (problematische) anschauende Vernunft. Diese anschauende Vernunft behauptet der Dogmatiker nicht allein, sondern er glaubt auch ihre notwendige Existenz einzusehen. Bei Kant bleibt nur ein möglicher Gedanke und darin liegt kein Widerspruch. Wenn man erkannt hat, dass alles, was uns jemals gegeben sein kann, und was jeweils erschlossen werden kann, nur im Raum und in der Zeit unter sinnlich restringierten Verstandesbegriffen gedacht werden muss, so bleibt uns noch der Gedanke an Etwas, das eben als letzter unbedingter Grund aller Erscheinungen gedacht werden müsse, ohne dass man doch von ihm etwas Bestimmtes aussagen könne. Was Vaihinger also dogmatisch voraussetzt, ist nur ein Gedanke, der als logische Möglichkeit übrig bleibt, und wenn wir zurückschreiten wollen, können wir auf nichts anderes geführt werden, als auf das, was wir selbst zuvor aufgebaut haben. Dogmatisch müssten wir also sagen: Hier liegt ein unbedingtes Subjekt zu Grunde und dort ein unbedingtes Objekt; sie stehen in einem Verkehr mit einander, dessen Art wir uns irgendwie bestimmt denken; der Verkehr, den wir uns zur Orientierung in der Erfahrung vorstellen, und den wir zu erkennen vermeinen, ist nicht der wahre, sondern er entspricht einer allgemeinen Täuschung. Bei Kant liegt der Gedankengang aber gerade in umgekehrter Richtung. Kants Kritik ist eine Lehre von der reinen Erkenntnis und sie zeigt bündig, wie diese nur sofern möglich sei, als sie sich in einem Inbegriff möglicher Erfahrung (d. h. im inneren Sinne) realisieren könne. Wie es sich mit dem An sich der Dinge und mit seiner Natur verhält, ist dann gar keine Erkenntnisfrage mehr und Berkeley tritt in erster Linie die erkenntniskritische Frage gegenüber, welche Mittel er habe, die Einheit der Erfahrung zur Einsicht zu bringen. Seine Schwärmerei steht dabei erst in zweiter Linie, obwohl sie auch schon einen hinreichenden Grund giebt, seiner Inkonsequenz entgegenzutreten. Alle jene Probleme interessieren die Erfahrung nur sofern, als sie ihr den Horizont für ihre Hypothesen bestimmen. Im übrigen sollen wir nur gewarnt werden, uns im metaphysischen Gebrauch unserer Begriffe nicht zu überheben und nicht zu erkennen vermeinen, wo wir eben nur denken. Mit Recht konnte Kant sagen: „In allen Aufgaben, die im Felde der Erfahrung vorkommen mögen, behandeln wir jene Erscheinungen als Gegenstände an sich selbst, ohne uns um den ersten Grund ihrer Möglichkeit (als Erscheinungen) zu bekümmern. Gehen wir aber über deren Grenze hinaus, so wird der Begriff eines transscendentalen Gegenstandes notwendig." Man kann einen richtigen metaphysischen Begriff haben, ohne im Erkennen die durch ihn bezeichnete Grenze zu überschreiten. Jenes Behandeln der Gegenstände als Dinge an sich bedingt nun ganz und gar keine Gleichung $2 = 1$, sondern trägt dem notwendigen Bedürfnis und gegebenen Thatsachen Rechnung. Auch im Erfahrungsgebrauch unterscheidet man das Ding von der blossen Erscheinung, wie den Regenbogen von den Regentropfen, aber kein Mensch braucht sich dadurch verleiten zu lassen, diese empirische Unterscheidung mit der transscendentalen zu verwechseln. Es wäre eine Pedanterie sondergleichen, wenn man sich immer einer Sprache bedienen wollte, die nur durch Verfehlungen der Spekulation zur Notwendigkeit geworden ist. Wer sagt: Die Sonne geht auf und unter, braucht nicht von der hierin liegenden Täuschung betrogen zu sein; er widerspricht sich auch nicht, und er wird von jedermann verstanden. Es ist vollkommen gerechtfertigt, die Sonne als die Ursache von Licht und Wärme zu bezeichnen, auch wenn man einsieht, dass man damit das Ansichseiende nicht erkannt hat. Man bezieht hier in der That nur Vorstellungen auf eine Ursache, die man selbst als Vorstellung und nicht als Noumenon zu betrachten hat.

Es ist eine Hauptaufgabe der Kritik, zu zeigen, dass alle jene dogmatischen Spekulationen darum unfruchtbare Arbeit betreiben, weil sich an sie ein eigentlich theoretisches Interesse gar nicht knüpft. Der architektonische Abschluss, den sie geben, ist im Grunde nur eine Täuschung; er ist nur ein markiertes Ornament. Kant lässt die Sache ganz auf sich beruhen, rettet aber die Möglichkeit des Gedankens, der Idee, die man wiederum nur in der Erfahrung und zwar praktisch realisieren soll. Wie er sich vom Dogmatiker unterscheidet, ersieht man aus folgenden Worten: „Von diesen Erinnerungen über die Gemeinschaft zwischen dem denkenden und dem ausgedehnten Wesen ist die Entscheidung aller Streitigkeiten oder Einwürfe, welche den Zustand der denkenden Natur vor dieser Gemeinschaft (dem Leben) oder nach aufgehobener Gemeinschaft (im Tode) betroffen, eine unmittelbare Folge.

Die Meinung, dass das denkende Subjekt vor aller Gemeinschaft mit Körpern habe denken können, würde sich so ausdrücken: dass vor dem Anfange dieser Art der Sinnlichkeit, wodurch uns etwas im Raume erscheint, dieselben transscendentalen Gegenstände, welche im gegenwärtigem Zustande als Körper erscheinen, auf ganz andere Art haben angeschaut werden können. Die Meinung aber, dass die Seele nach Aufhebung der Gemeinschaft mit der körperlichen Welt noch fortfahren könne zu denken, würde sich in dieser Form ankündigen: dass, wenn die Art der Sinnlichkeit, wodurch uns transscendentale und für jetzt ganz unbekannte Gegenstände als materielle Welt erscheinen, aufhören sollte, so sei darum noch nicht alle Anschauung derselben aufgehoben, und es sei ganz wohl möglich, dass eben dieselben unbekannten Gegenstände fortführen, obzwar freilich nicht mehr in der Qualität der Körper, von dem denkenden Subjekt erkannt zu werden. Nun kann zwar niemand den mindesten Grund zu einer solchen Behauptung aus spekulativen Prinzipien anführen, ja nicht einmal die Möglichkeit davon voraussetzen, aber ebenso wenig kann auch jemand irgend einen gültigen dogmatischen Einwurf dagegen machen."

Es liegt auf der Hand, dass auch in diesen ausgeführten logischen Möglichkeiten kein Widerspruch auftreten kann. Dass man sie denkt, darf niemand verbieten. Kant prüft nicht die

Sache, sondern unsere Beurteilung, und er will in der Kritik feststellen, was wir wissen können und wo wir ein Wissen uns nur einbilden. Man soll sich nicht einbilden, das Unbegreifliche begreiflich machen zu können, das lehrt die kantische Kritik.

Kant kritisiert in den Leistungen der reinen Vernunft die Metaphysik und nicht die Physik. Dort liegt immerhin eine Thatsache vor — dass nämlich zu allen Zeiten die Menschen Jenseitiges gedacht und sich auch eines Wissens von ihm geschmeichelt haben. Die Frage der Aussenwelt ist die Frage nach der Realität unseres eigenen Körpers, und was den Metaphysiker hier interessiert, liegt völlig ausser dem Horizonte der Physik und auch der Psychologie. „Ich unterscheide meine eigene Existenz als eines denkenden Wesens von anderen Dingen ausser mir (wozu auch mein Körper gehört....); denn andere Dinge sind solche, die ich als von mir unterschieden denke. Aber ob dieses Bewusstsein meiner selbst ohne Dinge ausser mir, dadurch mir Vorstellungen gegeben werden, gar möglich sei und ich als denkend Wesen (ohne Mensch zu sein) existieren könne, weiss ich dadurch gar nicht."

Wenn man die Metaphysik in irgend einer Weise anerkennt, so muss man verlangen, dass sie sich über ihre eigenen Begriffe rechtfertige. Weiter will die Kritik nichts. Diesen Begriff des Jenseitigen hat man allgemein vor Kant verfehlt. Dass man zu keiner Klarheit gelangen konnte, lag an der falschen Wertung der Mathematik und an der irrigen Bestimmung der Begriffe Raum und Zeit. Bei Vaihinger wird der problematische Boden der Metaphysik erst dogmatisch fixiert. Er konfundiert beständig die empirische und transscendentale Betrachtungsweise und bemerkt gar nicht, dass er Kant alle die Fehler in die Schuhe schiebt, die von dem Philosophen in den Paralogismen der ersten und zweiten Auflage aufgedeckt werden. Indem er mechanisch Transscendentales Ich — empirisches Ich — transscendentales Objekt von einander trennt, bringt er es trotz kantischer Scheidungen fertig, Raum und Zeit zu absoluten Bestimmungen des transscendentalen Ich zu machen. Er sagt: „Aber was wir an dieser Aussenwelt an formalen Bestimmungen finden, was unser empirisches Bewusstsein aus ihr empirisch herauszieht, das haben wir qua transscendentales Ich schon hineingelegt." Während Kant nur etwas von Erkenntnisbedingungen als solchen weiss, während er diese Erkenntnis transscendental nennt, sofern sie sich auf mögliche Erfahrung bezieht, hat Vaihinger immer den Blick nach der Seite gerichtet, nach der Kant und kein Sterblicher anders als fragend blicken kann. Während Kant sich völlig darüber klar ist, dass jenes „Herausziehen" aus der Erfahrung, jenes Absondern zwar nicht ohne Erfahrung möglich ist, dass aber darum das aus der empirischen Erkenntnis abgesonderte formale Element nicht selbst einen empirischen Ursprung haben könne, ist bei Vaihinger bald die Rede von einem dogmatisch erkannten transscendentalen Ich, bald von einer Erfahrung, die dasselbe „lehrt", was der Schriftsteller demselben Ich zuschreibt. Kant lehrt die Erfahrung verstehen, wie sie nun einmal ist; er stellt fest, dass man nicht erst zu erfahren brauche, dass z. B. die Körper ausgedehnt, sondern dass eine jede Erfahrung dies notwendig voraussetzen müsse. Das ist eine schlichte Thatsache, die wir hinnehmen müssen; wir können nur a priori, d. h. mit Notwendigkeit und Allgemeinheit einsehen, dass von einem bestimmten Verstandesgebrauch in der Erkenntnis nicht die Rede sein könnte, wenn dem Verstande keine ursprünglich-gesetzmässige Form der Sinnlichkeit unterliegend gedacht ist. Wer die geometrischen Axiome als solche bestreitet, wer sie von der Erfahrung uns lehren lässt, der hebt damit den ganzen Verstandesgebrauch in der reinen Mathematik als unvernünftig auf, ob er sich dessen bewusst ist oder nicht. Diese Axiome sind nur verständlich, wenn man ihre Unabhängigkeit von jedem empirischen Inhalt einsieht und weiter davon, dass eben der Raum keine materiale Bedingung der Objekte sein kann, wie fein man sich auch diese einer blossen Abstraktion verdankte Raum-Materie denken möchte.

Wir wollen nur an einem Beispiel zeigen, wie Vaihinger mit kantischen Begriffen verfährt. Er sagt wörtlich: „Die räumliche Aussenwelt ist daher (nach kantischen Grundsätzen) auch etwas, was, wie es ohne das empirische Bewusstsein da ist, auch vor demselben da ist." Wie soll man hier die Präpositionen „ohne" und „vor" nehmen? Die Aussenwelt ist nur in Beziehung auf ein empirisches Subjekt vorhanden, oder sie ist eben als räumliche Aussenwelt nicht da. Diese Existenz zu behaupten, bedeutet nach kantischen Grundsätzen einen Widerspruch. Und weiter: „Vor der Wahrnehmung eine Erscheinung ein wirkliches Ding nennen, bedeutet entweder, dass wir im Fortgange der Erfahrung auf eine solche Wahrnehmung treffen müssen oder es hat gar keine Bedeutung. Denn dass sie an sich selbst, ohne Beziehung auf unsere Sinne und mögliche Erfahrung existiere, könnte allerdings gesagt werden, wenn von einem Dinge an sich selbst die Rede wäre. Es ist aber bloss von einer Erscheinung im Raum und der Zeit, die beides keine Bestimmungen der Dinge an sich selbst, sondern nur unserer Sinnlichkeit sind, die Rede; daher das, was in ihnen ist (Erscheinungen) nicht an sich Etwas, sondern blosse Vorstellungen sind, die, wenn sie nicht in uns (in der Wahrnehmung) gegeben sind, überall nirgend angetroffen werden." Allerdings garantieren Raum und Zeit die Realität der Aussenwelt; sie gehören uns notwendig, sind mit unserem Bewusstsein verbunden und eben deshalb sind jene Präpositionen „ohne" und „vor" unbedenklich im empirischen Sinne, und wenn man von bestimmten Personen spricht, möglich. Aber wenn man vom Subjekt überhaupt absieht, so werden sie sinnlos, wenngleich nicht ohne weiteres widersprechend. Der Widerspruch entsteht erst, wenn man wie Vaihinger vom empirischen Subjekt absieht und dennoch eine unabhängige räumliche Aussenwelt behauptet. Es giebt keine Erfahrung vor der Erfahrung, keine Synthesis, bevor man sie vollzogen hat. Kant kann daher nur mit Rücksicht auf mögliche Erfahrung beweisen; er kann dogmatisch auch die Existenz der an sich seienden Welt nicht beweisen; er hat eben deshalb auch in der Widerlegung des Idealismus die empirische Realität der Materie und nichts anderes zur Einsicht gebracht und auch nicht mehr — das heisst aber nicht eine unabhängig vom empirischen Ich existierende Welt, sondern das „gerade Gegenteil" davon.

Vaihinger behauptet, dass „Raum und Kausalität" offenbar aposteriorische Vorstellungen für unser empirisches Bewusstsein sind, hingegen apriorische Funktionen des transscendentalen Ich. Er verwechselt dabei zweierlei: Dass ich in diesem Augenblicke an Raum und Kausalität und nicht an den Mond denke, ist eine empirische Thatsache, aber der Gedanke, dass ich ohne meine Vorstellung des Raumes und ohne den Begriff der Kausalität nicht zu erkennen vermöchte, ist nicht a posteriori, sondern allgemein und notwendig gedacht. Auch hier wird von Vaihinger der Unterschied des a priori und a posteriori zeitlich gefasst und giebt zum Irrtum den Anlass. Selbst jener Beweis der Realität der Aussenwelt, der sich auf die Thatsache des empirischen Bewusstseins stützt, ist a priori d. h. für jedermann allgemein einzusehen.

Während Kant durch seine ganze Kritik hindurch lehrt, dass alle reine Erkenntnis nur als immanenter Faktor der empirischen Realität finden kann, während er sich zu zeigen bemüht, dass alles Wissen aus reiner Vernunft nur sofern ein Wissen genannt zu werden verdient, als es sich auf wirkliche Objekte zu beziehen vermag, muss Vaihinger noch die metaphysischen Anfangsgründe der Naturwissenschaft und das Opus posthumum zu Hilfe nehmen, um nachzuweisen, dass Kant die Erfahrung mit ihren empirischen Bestimmungen von Objekten thatsächlich anerkannt habe. Und doch hat Kant in den Prolegomenen gezeigt, wie man zuvor sehen müsse, was in der Erfahrung (d. h. in der bestimmten Erkenntnis) liegt, damit man in einer systematisch aufbauenden Untersuchung das ganze reine Erkenntnisvermögen architektonisch beschreiben und nach Prinzipien verstehen könne. Es ist der erste Philosoph, der dabei planmässig die Erfahrung als Zeugen anruft. Nicht diese und jene Erscheinung, sondern die Thatsache der empirischen Erkenntnis, der sich kein Mensch jemals entzogen hat, giebt ihm die Handhabe, zu beweisen. Wodurch man sich gewöhnlich täuschen lässt, das ist die Methode, die eben den neuen und einzig erfolgverheissenden Weg sich bahnt. Indem aller besondere Inhalt abgeblendet wird, giebt die Kritik nicht unmittelbar eine Theorie der Erfahrung, sondern Kant giebt sie mittelbar in einer Theorie der reinen Erkenntnis, d. h. er inventarisiert alle Bedingungen der Erkenntnis nach ihren wohlbestimmten Leistungen. Er zeigt uns, wie entgegen dem Vorurteile aller Zeiten unsere Erkenntnisobjekte nicht an sich, d. h. nicht vor dem blossen Verstande, sondern immer relativ auf eine ursprünglich gesetzmässige Sinnlichkeit erkannt werden. Eben deshalb kann sich die Metaphysik nicht mehr auf die Mathematik berufen, die auch nur relativ auf mögliche Erfahrung sich zu legitimieren vermag. Die absolute Erkenntnis ist damit ebensowohl aufgehoben, wie die Erkenntnis des Absoluten, mit dessen Begriff der Philosoph ernst macht. Alle Bedenken Vaihingers, die sich mit Vorwürfen gegen Kants vermeintliche Unentschiedenheit und Inkonsequenz richten, beruhen darauf, dass der Kritiker selbst sich nur an die Worte hält. Er verbindet mit ihnen nicht die Begriffe, die Kant in aller Schärfe sowohl in der transscendentalen Aesthetik, als in dem Kapitel Phaenomena und Noumena, und ferner in der „Amphibolie der Reflexionsbegriffe" gegeben hat. Der Gegensatz Vorstellung und Ding an sich, Sinnen- und Verstandeswesen löst alle seine Bedenken. Wirkliches Objekt (Phaenomenon) und problematisches Objekt (Noumenon) sind zweierlei; den Gegenstand in zweierlei Bedeutung zu nehmen, verlangt nicht die Physik, sondern die Metaphysik.

Wir wollen Vaihinger nicht in alle seine Untersuchungen folgen, die nicht anderes bedeuten als die Entdeckung, dass Kant wirklich von den Begriffen, deren Realität er mit Rücksicht auf mögliche Erfahrung bewiesen hat, in der Erfahrung selbst Gebrauch macht! Kant hatte in keiner Weise von dem, was in der ersten Auflage steht, etwas zurückzunehmen, die Zeit der „Umkippungen" war für ihn längst vorüber. Kant kennt nur ein Wissen von empirischen Objekten und empirische Objekte existieren nicht ausser und neben den Sinnen, sondern nur in ihnen, daran hat sich bei Kant nichts geändert. Er sagt in den Prolegomenen: „Da aber das Ich in dem Satze: Ich bin, nicht bloss den Gegenstand der inneren Anschauung (in der Zeit), sondern das Subjekt des Bewusstseins, so wie Körper nicht bloss die äussere Anschauung (im Raume), sondern auch das Ding an sich selbst bedeutet, was dieser Erscheinung zum Grunde liegt, so kann die Frage, ob die Körper (als Erscheinungen des äusseren Sinnes) ausser meinen Gedanken als Körper existieren, ohne alles Bedenken in der Natur verneint werden; aber darin verhält es sich gar nicht anders als mit der Frage, ob ich selbst als Erscheinung des inneren Sinnes (Seele nach der empirischen Psychologie) ausser meiner Vorstellungskraft in der Zeit existiere, denn diese muss ebensowohl verneint werden." Es herrscht in allen Kantischen Erklärungen die schärfste Konsequenz; hätte er sie in diesem wichtigen Punkte verfehlt, so wäre die ganze Kritik gefallen. Es entspricht zwar keinem nachahmenswerten Gebrauch, aus nachgelassenen privaten Aufzeichnungen zu citieren. Indessen giebt alles, was Vaihinger aus dem Opus posthumum wiedergiebt, nur Ausführungen, die in der Kritik schon angesponnen, zum Teil auch ähnlich schon gegeben sind und zwar schon in der ersten Auflage. Es ist keine „absurde" Konsequenz, vor der man mit Vaihinger zu erschrecken brauchte, dass wir unsere Empfindungen auf Erscheinungen (Phaenomena) im Erkennen beziehen und dass man sich „in dieser Bedeutung die Stoffe nur komparativ, nicht absolut als Dinge an sich vorstellig machen kann", Kant schreibt als Erscheinung der Erscheinung der Gegenstände. Es ist immer wieder derselbe Gedanke, der den Thatsachen vollkommen entspricht, dass „alle Vorstellungen, als Vorstellungen, ihren Gegenstand haben und selbst wiederum Gegenstände anderer Vorstellungen sein können. Erscheinungen sind die einzigen Gegenstände, die uns unmittelbar (d. h. ohne dass wir zu schliessen nötig haben) gegeben werden können und das, was sich darin unmittelbar auf den Gegenstand bezieht, heisst Anschauung. Nun sind aber diese Erscheinungen nicht Dinge an sich selbst, sondern selbst nur Vorstellungen, die wiederum ihren Gegenstand haben, der also mit Recht nicht mehr angeschaut werden kann und daher der nicht empirische, d. i. transscendentale Gegenstand genannt werden mag." Wir können eben nur nach der bestimmten Ursache der Empfindung suchen und bleiben hinsichtlich dessen, was der Empfindung an Gegenständen, als Dingen an sich, entspricht, hinsichtlich der transscendentalen, nach reinen Verstandesbegriffen gedachten Materie, ohne Kenntnis und bestimmten Begriff. Wir erkennen nur im Raume und in der Zeit, unsere Begriffe von Gegenständen sind von der Sinnlichkeit jederzeit afficiert, d. h. wir können nur erkennen (bestimmen), wenn der Verstand sich auf die Sinnlichkeit stützt — das ist eine schlichte Thatsache, die von Kant in allgemeinster Weise zur Einsicht gebracht wird. Man stösst sich überall an Worte. Die Erscheinung ist nicht die an sich äussere Ursache der Empfindung, das hat Kant klargelegt; sie ist nur die erkennbare, von jedermann jederzeit anerkannte Ursache, das heisst weiter nichts, als dass wir es beim Erkennen nur mit Verknüpfung von Vorstellungen und nicht mit der Verknüpfung von Noumenen (blossen Verstandesdingen) zu thun haben. Unsere Objekte in der Erkenntnis verdanken wir der synthetischen Einheit im Bewusstsein, was sie an sich sind, wissen wir eben nicht und wir brauchen es auch nicht zu wissen. Genug, die Kritik lehrt eben als Propädeutik zur Metaphysik den Gegenstand in zweierlei Bedeutung nehmen, als Erscheinung und als Ding an sich, das kein menschenmögliches, sondern nur ein problematisches Objekt ist. Ein Widerspruch liegt hierin so wenig, dass diese zwiefache Behandlung des Gegenstands die einzige Möglichkeit ist, die in den Antinomien vorliegenden Widersprüche zu heben. Auf diesen Widerspruch wird man erst geführt, wenn man in seinen Gedanken die Erscheinung als vor der Erfahrung an sich, d. h. gleichsam als unbesehen (nichtsinnlich) gegeben ansicht und wenn man also vergisst, dass ein sinnlich eingeschränkter Verstand immer vorausgesetzt wird, wenn von empirischen Dingen geredet wird.

Man kann nun einmal Kant beiseite lassen und sich vollkommen unabhängig von ihm die Frage vorlegen, welche Möglichkeiten für unsere Gedanken bestehen. Angenommen, es sagte uns jemand, dass unsere Empfindungen Erscheinungen von Erscheinungen sind und eine Behauptung erklärte das für absurd, so hätten wir ein Recht zu fragen: Was ist denn an dieser Aeusserung absurd? Dann würde man genötigt sein, sich erst einmal über den Begriff der Erscheinung zu verständigen. Der Physiker wird uns leicht sagen, was sich ereignet, wenn ein Sonnenstrahl unser Auge trifft, und der empirische Psychologe, was unter den gegebenen Bedingungen in unserem Bewusstsein vorgeht. Woher stammt nun das empfundene Sonnenlicht anders als von der Sonne, auf die wir es als seine Ursache beziehen. Ist das eine Erscheinung, das andere nicht? Oder nennen wir nicht die eine Erscheinung die Ursache der anderen? Wissen wir mehr oder anderes vom Objekt im Begriffe des Sonnenstrahls oder im Begriffe der Sonne? Dort denken wir heute sofort an Bewegungen des Aethers. Was ist nun dieser Aether? Wenn wir in dieser Weise zu analysieren anfangen, so zeigt sich, dass wir mit Recht empirische Unterschiede machen. Ist das nun gemeint, wenn eine Absurdität festgestellt wird? An jenem Prozess im Auge und im Bewusstsein ist sehr vieles beteiligt; was ist davon Erscheinung, was nicht? Wandert die Sonne in unsere Vorstellungskraft herüber, oder der Aether, oder ist das Bild auf der Netzhaut oder was sonst die an sich seiende Ursache der Empfindung, die zum Bewusstsein kommt? Man sieht ein, dass man sich hier über seine Worte verständigen muss, damit man Begriffe hat. Erst wenn der Begriff feststeht, kann von einem Widerspruch geredet werden. Es liegt auf der Hand, dass wir auch empirisch die Erscheinung von dem unterscheiden, was ihr zu grunde liegt; aber jeder Schritt, den wir hier weiter thun, bringt uns nicht aus demselben empirischen Bezirke heraus, aus der Sphäre, die uns angewiesen ist. Das Dauernde, die Substanz, die wir an jedem Etwas überhaupt zu denken gezwungen sind, erkennen wir immer nur in derselben Sphäre, in der alle ihre Accidenzen festgestellt werden. Wir kennen ja im Grunde nur Accidenzen. Das schlechthin Innere kennen wir so wenig bei dem, was wir als Materie von dem denkenden Wesen unterscheiden, als bei diesem selbst. Niemand kann aber verwehren, für beide alles Erkennbare in der Idee zu überfliegen und an das Ansichseiende zu denken. Genug, in allen diesen Fragen giebt es nur zwei Möglichkeiten. Entweder man behauptet für die Erfahrung die Erkenntnis von Erscheinungen oder man behauptet, dass man Dinge an sich erkennt. In beiden Fällen hat man die Verpflichtung zu sagen, was man unter seinen Worten verstanden wissen will. Um den Unterschied von Erscheinung und Ding an sich kommt man beidemale nicht herum. Den Physiker selbst interessiert an dieser ganzen Frage nur die Möglichkeit, sein Gebiet selbst begrenzt und vor fruchtlosen Hypothesen geschützt zu sehen; folgt er aber dem Prüfstein, den er ohnedies in der Erfahrung selber hat, so kommt er ganz und gar nicht aus seinem Gebiete heraus. Nur der Metaphysiker, der in jedem Menschen und auch im Physiker schlummert, eine unzweifelhaft vorhandene subjektive Anlage, macht es notwendig, dass hier die Kritik einschreitet. Im übrigen hat Kant sehr recht zu sagen: „Wenn uns Erscheinung gegeben ist, so sind wir noch ganz frei, wie wir die Sache daraus beurteilen wollen." Kant bedient sich hier derselben Argumentation, die wir schon mehrfach gebraucht haben. Er sagt an jener Stelle der Prolegomenen mit anderen Worten: Es kann dem Physiker und Mathematiker ganz gleichgiltig sein, was man über Raum und Zeit denkt, wenn sie beide nur in ihrem Gebiete, d. h. in möglicher Erfahrung bleiben. Wenn z. B. die Mathematiker über die Natur der Axiome zu streiten anfangen, so sind sie sicher nicht auf ihrem Gebiet; sie würde nur interessieren, ob im gegebenen Fall ein Axiom oder ein des Beweises fähiger Satz vorliegt. Fragen sie sich aber nach der Möglichkeit der Axiome selbst, so ist es kein Wunder, dass sie ihre eigene Thätigkeit zu missverstehen anfangen, wofern sie die Kantische Beurteilung ausschlagen. Sie müssen dann die eigenen notwendigen Voraussetzungen mit ihrem unmittelbarem Zwang für zweifelhaft erklären und haben doch kein Mittel, die Axiome als empirische Sätze wiederzufinden. Bisher hat noch kein Vertreter der empirischen Geometrie den Weg gezeigt, die Axiome als empirische Sätze zu entdecken und zwar aus dem einfachen Grunde, weil es keinen giebt. Die Messungen, die man uns zumutet, setzen die Axiome schon voraus. Die ganze Verwirrung, die man angerichtet hat, beruht einzig und allein auf der dogmatischen, nicht zum Bewusstsein gebrachten Annahme, dass der Raum an sich und das heisst eben nach reinen Begriffen ausser dem Subjekt eine Realität habe.

Der Abfall Kants von der gemeinen Meinung ist nur für die Metaphysik von Wichtigkeit, die es mit Dingen zu thun haben will, die nach reinen Verstandesbegriffen, d. h. nur vor dem Verstande gedacht sind. Durch sein ganzes Buch hindurch zeigt er, wie ein solches Ding legitimer Weise noch gedacht werden kann, dass es aber keine bestimmbaren Verhältnisse sind, die wir noch denken. Es ist unmöglich, eine Welt von Verstandesdingen anders als nach Verstandesbegriffen zu denken und die Metaphysik war schon deshalb in ihrem Recht, sie so zu denken, weil sie sich beim besten Willen keinen Verstand leihen kann, durch den man es anders machen könnte. Eben deshalb kann auch Kant, wo er von Dingen an sich spricht, gar nicht umhin, durch seine reinen Begriffe zu denken. Er spricht von einem transscendentalen Grunde der Erscheinungen und braucht auch hier und da das Wort Ursache. Er spricht von einer Gemeinschaft der Substanzen und braucht auch das Wort afficieren in einem transscendenten Sinne. Nur über einen Punkt schweigt er sich aus. Was dieser Grund selber in bestimmter Weise sei, weiss er nicht. Er weiss auch von jener Affektion nur, dass sie keine physische (in Raum und Zeit bestimmbare) ist und überschreitet auch hier seine Befugnisse nicht. Kant zeigt, dass hier problematische Möglichkeiten übrig bleiben und weiter nichts. Die Art, wie das Subjekt von Dingen an sich affiziert wird, bezeichnet eine Lücke unseres Wissens, denn wir wissen von jenen transscendentalen Objekten schlechterdings nicht mehr, als dass uns die Vernunft im Fortgang unserer Gedanken auf sie führt. Wir können, sagt Kant, „die bloss intelligible (d. h. unerforschliche) Ursache der Erscheinungen überhaupt das transscendentale Objekt nennen, bloss damit wir etwas haben, was der Sinnlichkeit als einer Receptivität korrespondiert. Diesem transscendentalen Objekt können wir allen Umfang und Zusammenhang unserer möglichen Wahrnehmungen zuschreiben, und sagen: dass es vor aller Erfahrung an sich selbst gegeben sei. Die Erscheinungen aber sind, ihm gemäss, nicht an sich, sondern nur in dieser Erfahrung gegeben, weil sie blosse Vorstellungen sind, die nur als Wahrnehmungen einen wirklichen Gegenstand bedeuten, wenn nämlich diese Wahrnehmung mit allen anderen nach den Regeln der Erfahrungseinheit zusammenhängt. So kann man sagen: die wirklichen Dinge der vergangenen Zeit sind in dem transscendentalen Gegenstande der Erfahrung gegeben; sie sind aber für mich nur Gegenstände und in der vergangenen Zeit wirklich, sofern ich mir vorstelle, dass eine regressive Reihe möglicher Wahrnehmungen ... nach empirischen Gesetzen mit einem Worte der Weltlauf auf eine verflossene Zeitreihe als Bedingungen der gegenwärtigen Zeit führt, welche alsdenn doch nur in dem Zusammenhange einer möglichen Erfahrung und nicht an sich selbst als wirklich vorgestellt wird...."

Alles das sind völlig richtige Gedanken, die erst dann verkehrt werden, wenn man die beiden Gebiete, das der Physik und Metaphysik mit einander konfundiert. Diese Konfusion befindet sich wider die eigene Absicht z. B. bei Leibniz und sie ist in allen vorkantischen Systemen notwendig vorhanden. Kant bestimmt eben die scharfe Grenze und zeigt, dass man z. B. für jene Gemeinschaft der intelligibeln Substanzen keine Bestimmungen treffen, dass man weder einen influxus physicus im transscendentalen Sinne noch eine praestabilierte Harmonie oder ein System der Assistenz behaupten dürfe, weil man damit eine Lücke unseres Begreifens nur durch ein Blendwerk bezeichnet. Jene Aufgaben der Metaphysik liegen ausserhalb unseres Horizontes, aber es kann uns nicht gewehrt werden, von einer metaphysischen Affektion zu sprechen, schon weil der Gedanke ein notwendiger ist. Damit allein ist aber noch kein metaphysisches Problem gelöst — die Lösung besteht ja eben bei Kant darin, dass er zeigt: hier ist unser Erkennen notwendig an seiner Grenze angelangt. Sehr viele alte Vorwürfe, die man Kant macht, verkennen den nur formalen Charakter der Kategorie, den die Kritik zur Einsicht bringen wollte.

Es ist nun überaus verwunderlich, dass man erst entdecken muss, dass Kant nicht die Physik, sondern die Metaphysik kritisiert, dass er den empirischen Gebrauch seiner Begriffe von dem transscendentalen scheidet, der keine theoretische Bestimmung mehr zulässt. Man muss dagegen immer wieder daran erinnern, dass es zweierlei ist, durch die Kategorie bestimmen und durch die Kategorie denken und dass man keinem Metaphysiker daraus einen Vorwurf machen kann, dass er noch an Unerforschliches denkt, wie der gemeine Verstand auch. Er überschreitet erst dann seine Befugnisse, wenn er sich mit Erkenntnis an das Licht des Tages wagt. Eben dieser bestimmte Gebrauch giebt den Anlass zur Kritik. Wenn der Physiker aber sein Gebiet gar nicht verlässt, so besteht für seine Forschung die Frage gar nicht. So deutlich zeigt uns das der von dem Streite der Metaphysiker unabhängige Aufschwung in den Naturwissenschaften, dass man sich darauf berufen könnte, wenn es nicht ohnedies klar wäre. Nur der Fortgang im Naturerkennen hat die Reaktion auf das Herumtappen der Metaphysik ausgelöst. Von der Kantischen That ist ein Erfolg von Dauer gewesen. Die Physik ist nicht wieder in Versuchung geraten, metaphysischen Hypothesen Raum zu geben. Sie ist durch den Dunst einer zügellosen Vernunftschwärmerei hindurchgegangen, ohne beirrt zu werden. Allerdings ist man dabei nahe daran gewesen, dem anderen Extrem einer empiristisch-dogmatischen Skepsis zu verfallen. So lange der Empirismus nicht dogmatisch wird, kann er nur förderlich sein. Wenn er aber die metaphysische Frage aufrollt, wenn er seine Erkenntnis mit einer Einsicht in das Wesen von Dingen an sich verwechselt, hat man ihm vorzuwerfen, dass er seine Künste überschätzt. Erkenntnistheoretisch fängt er dann an, anstatt die Entwicklung des Verstandes und der Vernunft bei Gelegenheitsursachen zu beschreiben, den Verstand und die Vernunft selbst empirisch zu suchen, während er sich ihrer bei jedem Schritte immer schon bedient. Dann kommt die Widersinnigkeit, dass man allgemein und mit Apodikizität urteilt und dennoch apriorische Wahrheiten leugnet. Man bemerkt es gar nicht, dass man z. B. mit der Möglichkeit anderer Anschauungs- und Denkformen dem eigenen Erkenntnisvermögen zu nahe tritt und dass man eine Möglichkeit empirisch behauptet, ohne doch trotz den beständig betonten „Prinzipien" der Empirie sich auf ein Beispiel aus der Erfahrung berufen zu können. Daraus, dass sich „alles ändert", kann man nicht schliessen, dass sich auch die Bedingungen wandeln können, durch die man Veränderungen feststellt.

Wenn Vaihinger bei seinen Untersuchungen entdeckt, dass eine „von unseren empirischen Vorstellungen unabhängige Körperwelt" existiere, so folgt das nicht aus Kantischen Deduktionen, schon weil es sinnlos ist. Es würde heissen, dass man in der Erkenntnis von seinem Erkenntnisvermögen selbst abstrahieren könnte und dennoch die Vorstellung von Körpern übrig behielte. Verwechselt man aber den Kantischen Standpunkt der Kritik beständig mit dem empirischen, der sich um den Unterschied des Ansichseienden und der ihm gemässen Erscheinungen nicht zu kümmern braucht, so ist es nur ein Wunder, dass man noch nicht bemerkt hat, dass nach Kantischer Lehre der Sohn früher ist als der Vater. Jener muss ja erst geboren sein, ehe er den Vater zu erkennen vermag. Wir haben schon bemerkt, dass Vaihinger den dogmatischen Idealismus von dem kritischen nicht zu scheiden vermag. Wenn wir Kant „unser Bestes" verdanken, so hat Vaihinger eben dieses „Beste" zuvor von Kantischer Lehre abgeblendet. Man kann aus „blossem Begriffe" nichts erkennen, das lehrt die Kritik. Es giebt keine lediglich rationale Erkenntnis von Gegenständen, weil man dazu synthetische Prinzipien nötig hat. Synthetische Erkenntnisgrundsätze setzen aber Raum und Zeit als a priori gegeben voraus und zwar als Formen der Sinnlichkeit. Mit logischen Prinzipien allein kann man nicht zum Verständnis des eigenen Erkennens kommen. Sie setzen den Begriff schon voraus, wenn sie uns des Widerspruchs überführen sollen. Hier galt es also eine klaffende Lücke auszufüllen. Für Vaihinger hat der wesentliche Unterschied des dogmatischen und kritischen Idealismus in der Frage des Idealismus selbst keine Bedeutung. Eine solche Willkür rächt sich. Vaihinger giebt uns eine „sonderbare Stelle" der Paralogismen erster Auflage. Sie lautet: „Der dogmatische Idealist würde derjenige sein, der das Dasein der Materie leugnet, der skeptische, der sie bezweifelt, weil er sie für unerweislich hält. Der erstere kann es nur darum sein, weil er in der Möglichkeit einer Materie überhaupt Widersprüche zu finden glaubt und mit diesen haben wir es jetzt noch nicht zu thun. Der folgende Abschnitt von dialektischen Schlüssen, der die Vernunft in ihrem inneren Streite in Ansehung der Begriffe, die sie sich von der Möglichkeit dessen macht, was in den Zusammenhang der Erfahrung gehört, vorstellt, wird auch dieser Schwierigkeit abhelfen." Vaihinger behauptet stramm: „Er hat das nicht gethan, er hat dieses Versprechen nicht gehalten, und wahrlich, er konnte es auch nicht halten." Kant habe die Materie in gewissen Stellen selbst geleugnet, indem er den skeptischen Idealismus widerlege. Dieser verlange einen Beweis, wo das Dasein der Materie nur ein Vorurteil bedeute. Es ist schwer, durch die ganze „Verwirrung" des modernen Schriftstellers hindurchzuführen. Er schreibt, dass ihm „die Beweisart der ersten Auflage sehr klar und treffend erschienen war", dann soll die zweite Auflage „genau das Gegenteil" beweisen, was die erste behauptet, obwohl das Beweisziel „scheinbar identisch" sei. Wenn ihm der Beweis für das Dasein der Materie in der ersten Auflage treffend erschien, wie kommt er dann zu der Behauptung, dass Kant dies Dasein leugne? Es ist da nicht recht durchzufinden und doch ist die Alternative klar und bestimmt, wenn man weiss, was den wesentlichen Punkt ausmacht. Sind Raum und Zeit in beiden Auflagen verschieden gewertet oder nicht? Das ist das Einzige, was zu einer Anklage führen könnte. Und ist man hierüber im klaren, so kann man nicht behaupten, dass Kant jemals das Dasein der Materie geleugnet habe, indem er es für ebenso gewiss erklärte, als das des eigenen Bewusstseins. Oder man müsste die Ungeheuerlichkeit der Behauptung wagen, dass Kant auch das eigene empirisch bestimmbare Dasein nur als ein „Vorurteil" ansehe und dass er es deshalb leugne, weil man sich selbst nur durch Vorstellungen im inneren Sinne erkenne.

Kant behauptet, dass wir nur substantia phaenomenon erkennen. Wir wissen so wenig, was die Materie an sich ist, als wir es von dem denkenden Wesen wissen, das wir von aller Materie unterscheiden. Damit ist nichts geleugnet, sondern eine einfache Thatsache festgestellt. Wer sie bestreitet, der sage uns, was er von Körpern und Seelen weiss, bei denen man alle qualitates sensibiles sich entfernt denkt. In aller Schärfe scheidet Kant sein System von den Lehren aller Idealisten „von der eleatischen Schule an bis zum Bischof Berkeley". Ihre Lehre sei in der Formel enthalten: „Alle Erkenntnis durch Sinne und Erfahrung ist nichts als lauter Schein und nur in den Ideen des reinen Verstandes und Vernunft ist Wahrheit". „Der Grundsatz", fährt er fort, „der meinen Idealismus durchgängig regiert und bestimmt, ist dagegen: „Alles Erkenntnis von Dingen aus blossem reinen Verstande oder reiner Vernunft ist nichts als lauter Schein und nur in der Erfahrung ist Wahrheit." Vaihinger konnte, als er seine Abhandlung schrieb, diese Unterscheidung nicht verstehen und nicht werten.

Dafür legt er selbst in seiner neusten Schrift „Kant — ein Metaphysiker" ein vollgültiges Zeugnis ab. Er sagt jetzt: „Ich will ... Kants Lehre von den „Gedankendingen" erörtern. Es ist dies ein meines Wissens bis jetzt ganz vernachlässigtes Thema." Ist dies Thema wirklich von Vaihinger zuerst „angeschnitten"? Woher kam ihm, der „so viele widersprechende Stellen" bei Kant nachgewiesen hat, auf einmal diese Einsicht, deren Tragweite er sich selbst offenbar bis zum heutigen Tage nicht klar gemacht hat? Er sagt ja mit anderen Worten, man habe bisher das „Thema" der Kritik der reinen Vernunft vollkommen vernachlässigt. Wer hat sich dieser Vernachlässigung schuldig gemacht? Weshalb ist denn nur die reine Vernunft einer Kritik unterzogen worden?

Kant kritisiert in seinem Hauptwerke nicht „Bücher und Systeme", sondern allgemeine Gedanken; er scheidet auch bei der dogmatischen Metaphysik Einzelheiten ab, die nicht die bestimmte Gedankenrichtung, sondern besondere an Personennamen geknüpfte Systeme angehen. Für ihn sind die einzelnen Richtungen fest bestimmte Begriffe, das Besondere muss er wie bei allem logischen Gebrauch des Verstandes notwendig ausscheiden. Man hat gar nicht nötig, bei Kants Kritik des dogmatischen Idealismus an bestimmte Philosophen zu denken und man verwirrt die scharfe Scheidung, die Kant zwischen dogmatischer und kritischer Philosophie vollzieht, wenn immer wieder der Blick von den Hauptpunkten auf einzelne Kontroversen abgelenkt wird. Die Philosophen haben ja alle dasselbe Thema, denselben Gegenstand, und für Kant stand mit den meisten Philosophen fest, dass alles, was auch erkannt werden soll, auch in unserer Vorstellung enthalten sein muss, gleichviel, ob es sich dabei um unmittelbar Wahrgenommenes oder nur um mögliche Wahrnehmung handelt. Kant freilich verrät nach Vaihinger „eine starke Unkenntnis" Berkeleys, wo er sich gegen die Federsche Kritik erwehrt. Er macht auch eine „starke Schwenkung", und das alles, weil es dem modernen Kritiker Kants beliebt, die wesentlichen Unterscheidungsmerkmale des kritischen Idealismus und des dogmatischen abzublenden. Kant hatte eine Missdeutung der Paralogismen erster Auflage zu fürchten und weiter nichts. Man kann nicht mehr in Versuchung geraten, zu schwärmen, wenn man mit Kant einsieht, dass man „blosse Gedankendinge" nicht erkennen kann; wenn man eingesehen hat, dass unsere reine Vernunft — was man ihr auch zuspricht — nur in möglicher Erfahrung ihre Rechtfertigung finden kann. Die Aufgabe der Philosophen ist nun nach einer ganz anderen Seite — für das Denken, wie für das Handeln — gerichtet. Sie hat sich mit gegebenen Thatsachen abzufinden und sie sind eben für alle Philosophen notwendig dieselben. Eine solche Thatsache ist die Evidenz der Mathematik. Wer sie nicht anerkennt, höre zu philosophieren auf. Wer ferner darauf verzichtet, nicht diese Evidenz noch evidenter, sondern nur sich diese Evidenz selbst verständlich zu machen, der hat auch kein Recht, mit seinen Begriffen auf ein Gebiet sich zu wagen, wo jede analoge Prüfung der Tragfähigkeit seiner Begriffe versagt. Jenes Kantische Versprechen, das den Schwierigkeiten abhelfen soll, in die der dogmatische Idealismus gerät, ist von Kant eingelöst und Widersprüche, in die jener sich verstrickt, indem er die Materie leugnet, sind von Kant durch transscendentalen Idealismus an eben der Stelle gehoben, auf die er verweist. Kant hat allerdings nicht auf Leser gerechnet, die nun nach den Worten „Leugnen der Materie" suchen würden, sondern er nahm an, dass man nach der Lösung der Widersprüche suchen werde, wie sie versprochen worden war. Diese Widersprüche haben einen bedeutenden Anteil an dem Entstehen der Kritik überhaupt. Sie haben Kant aus dem dogmatischen Schlummer erweckt, wie er bekanntlich von den Antinomien und von Humes Arbeit erzählt. Beide Aeusserungen sind völlig desselben Inhalts. Es sind antinomische Schwierigkeiten, die bei Hume hinsichtlich des Kausalproblems ungelöst bleiben und es ist namentlich die zweite der mathematischen Antinomien, deren Inhalt von Hume vorgetragen wird, ohne dass er zu einer Lösung kommen kann. Die Widersprüche sind dem dogmatischen Idealismus eigen und sie sind im besonderen auch von Berkeley begangen worden. Hume trägt sie vor, ohne die Lösung zu finden. Ueberall liegt auch diesen idealistischen Inkonsequenzen die falsche Vorstellung eines transscendentalen Realismus zu grunde, der Raum und Zeit für an sich gegeben hält. Aus Berkeleys Auffassung, die von ursprünglichen Bedingungen der Sinnlichkeit noch nichts weiss, folgt mit Notwendigkeit der Zweifel an der Mathematik, wie er immer dann auftritt, wenn man ihre Sätze für empirische hält, denn das heisst nichts anderes, als den Raum für eine materiale Bedingung der Erscheinungen halten. Berkeley schreibt die Abstraktion, die wir Raum nennen, auf dieselbe Rechnung, auf der die sekundären Qualitäten stehen. Er leugnet die Mathematik nicht schlechthin, aber er hält dafür, „dass es gewisse irrtümliche allgemeine Sätze gebe, die weiter reichen als das Objekt der Mathematik", und er kleidet seine Vorwürfe nach einer bis heute nicht verschwundenen Manier in das allgemeine abgedroschene Argument der Skepsis: „Um deutlich zu reden: wir vermuten, die Mathematiker seien ebensowohl wie andere Menschen an den Irrtümern beteiligt, die aus der Lehre herfliessen, dass es abstrakte allgemeine Ideen gebe und dass Objekte ausserhalb des Geistes existieren". Mit solchem Argument lässt sich jede Einsicht im Keime ersticken. Es zeigt sich hier wieder der verkehrte Weg, der so oft eingeschlagen worden ist. Anstatt die Mathematik als den sichersten, unmittelbaren Besitz zu respektieren, will man sie selbst als empirisch ansehen, während jeder mathematische Gebrauch gerade umgekehrt verfährt. Die Erfahrung realisiert alle unsere mathematische Erkenntnis; das ist unbedingt richtig. Aber man kann a priori nicht für möglich erklären, dass sie mathematische Sätze denkbarerweise auch einmal verleugnen könne. Dadurch gerät man in einen Widerspruch mit a priori eingesehenen Sätzen. Wäre man als Empiriker konsequent, so könnte man die Möglichkeit einer unsicheren Mathematik nur a posteriori behaupten, um beruhigt auf Thatsachen zu warten, von denen man im Grunde keinen Begriff hat. Denn allen Möglichkeiten, die man sich denken mag, liegt in Wahrheit immer wieder derselbe Raum zu grunde, den man so schnöde verleugnet. Man wird schon anerkennen müssen, dass ein gesetzmässiger Verstand samt einer allgemeinen Domäne (Raum und Zeit) notwendige Grundlagen aller Gegenständlichkeit enthalten. Wir wollen uns hier nicht in alle Zweifel Berkeleys verlieren; man kann sie an Ort und Stelle nachlesen. Wenn es Vernunft giebt, so widersprechen diese Zweifel der Vernunft selbst. Hume trägt Berkeleys Bedenken vor: „Der Haupteinwurf gegen alles abstrakte Denken gründet sich auf die Begriffe von Raum und Zeit. Wenn diese Begriffe, die in dem gemeinen Leben einem unbefangenen Verstande so klar und verständlich sind, durch die Untersuchung und Bearbeitung der höheren Wissenschaften, deren Hauptgegenstand sie ausmachen, durchgegangen sind, so treten Grundsätze hervor, welche voll von Ungereimtheiten und Widersprüchen scheinen."

Hume konnte hier keine Lösung geben, obwohl er sie versucht. Kant ist es ernst um eine Einsicht in das Wesen der Mathematik, das von Berkeley angetastet war. Und bei diesem ist es wiederum die von ihm selbst bekämpfte Vorstellung, durch die Materie als an sich seiend aufgefasst wird, die auch den dogmatischen Idealisten irreführt. Wie kann man an der unendlichen Teilung der Linie, des Raumes und der vom Raume bedingten Vorstellung der Materie Anstand nehmen, wenn man nicht selbst vergisst, dass man es nur mit Erscheinungen und nicht mit dem Ansichseienden zu thun hat? „Wenn ich also nicht unzählig viele Teile in irgend einer begrenzten Ausdehnung, die ich betrachte, percipieren kann, so ist es gewiss, dass sie nicht darin enthalten sind; es ist aber offenbar, dass ich nicht unzählig viele Teile in irgend einer einzelnen Linie, Fläche oder einem Körper unterscheiden kann, mag ich diese Gebilde sinnlich wahrnehmen oder sie nur in meinem Geiste vorstellen; hieraus schliesse ich, dass dieselben darin nicht enthalten sind." So Berkeley. Mit Recht sagt Kant in den metaphysischen Anfangsgründen der Naturwissenschaft: „Dass der Raum ins Unendliche teilbar sei, abzuleugnen, ist ein leeres Unterfangen, denn Mathematik lässt sich nichts wegvernünfteln. Materie aber als Ding an sich selbst, mithin den Raum als Eigenschaft der Dinge an sich selbst ansehen und dennoch jenen Satz ableugnen, ist einerlei." (Das „dennoch" bezieht sich auf jenes „leere Unterfangen".) Man muss sich hier überzeugen, dass der dogmatische Idealismus des Berkeley in Widersprüche gerät, indem er, ohne es zu bemerken, durch das πρῶτον ψεῦδος des transscendentalen Realismus selbst verführt wird, indem er jenen Schluss vollzieht. Kant behauptet dagegen: In der Erscheinung sind so viel Teile, als wir deren nur geben, d. i. soweit wir immer teilen mögen. Die Teilung existiert nur in Gedanken; die Teile, die zur Existenz einer Erscheinung gehörig sind, sind nur in der Teilung enthalten. Die Teilung geht ins Unendendliche, aber sie ist doch niemals unendlich gegeben: also folget daraus nicht, dass das Teilbare eine unendliche Menge Teile an sich selbst und ausser unserer Vorstellung in sich enthalte, darum, weil seine Teilung ins Unendliche geht. Wenn Berkeley schliesst, dass im Raume nicht unendlich viele Teile enthalten sind, weil sie nicht percipierbar sind, so befindet er sich mit seinem Idealismus selbst im Widerspruch. Es sind nicht mehr Teile im Raume enthalten, als ich percipiere, kann man nur behaupten, wenn diese Teile an sich einfach, d. h. wenn sie auch unabhängig vom Subjekt vorhanden sind. Daraus aber, dass nicht mehr Teile im besonderen Falle gegeben sind, folgt nichts gegen die Prinzipien der Vernunft, die eine unendliche Teilbarkeit lehren, ohne damit in Widersprüche zu führen. Der Regressus in infinitum, wie er bei der Teilung statthat, ist nicht gegeben, aber er ist aufgegeben. Man soll sich nie einbilden, am Ende zu sein.

Wir wollen noch die Stelle aus der Antinomienlehre hierhersetzen, die auf das Kantische Versprechen, das Vaihinger als uneinlösbar bezeichnet (s. o. S. 245), zu beziehen ist: „Wider diesen Satz einer unendlichen Teilung der Materie, dessen Beweisgrund bloss mathematisch ist, werden von den Monadisten Einwürfe vorgebracht, welche sich dadurch schon verdächtig machen, dass sie die klarsten mathematischen Beweise nicht für Einsichten in die Beschaffenheit des Raumes, sofern er in der That die formale Bedingung der Möglichkeit aller Materie ist, wollen gelten lassen, sondern sie nur als Schlüsse aus abstrakten aber willkürlichen Begriffen ansehen, die auf wirkliche Dinge nicht bezogen werden könnten. Gleich als wenn es auch nur möglich wäre, eine andere Art der Anschauung zu erdenken, als die in der ursprünglichen Anschauung des Raumes gegeben wird, und die Bestimmungen desselben a priori nicht zugleich alles dasjenige beträfen, was dadurch allein möglich ist, dass es diesen Raum erfüllt. Wenn man ihnen Gehör giebt, so müsste man ausser dem mathematischen Punkte, der einfach, aber kein Teil, sondern bloss die Grenze eines Raumes ist, sich noch physische Punkte denken, die zwar auch einfach sind, aber den Vorzug haben, als Teile des Raums durch ihre blosse Aggregation denselben zu erfüllen. Ohne nun hier die gemeinen und klaren Widerlegungen dieser Ungereimtheit, die man in Menge antrifft, zu wiederholen, wie es denn gänzlich umsonst ist, durch blosse diskursive Begriffe die Evidenz der Mathematik wegvernünfteln zu wollen, so bemerke ich nur, dass, wenn die Philosophie hier mit der Mathematik chikaniert, es daraum geschehe, weil sie vergisst, dass es in dieser Frage nur um Erscheinungen und deren Bedingung zu thun sei."

Dieser einen Stelle liessen sich viele andere zugesellen, die in derselben Richtung den Leser der Kritik belehren. Man kann ganz allgemein sagen, dass Kant sein Versprechen einlöste, indem er die Täuschung der Antinomien aufgedeckt hat.

Das Verhältnis des dogmatischen Idealismus zum transscendentalen ist völlig gegeben, wenn man nur den Unterschied dogmatischer und kritischer Philosophie kennt. Als Vaihinger jene Abhandlung schrieb, hatte er darüber keine Klarheit, wie seine Fragen hinsichtlich Berkeleys und auch sonst Bemerkungen zum Texte kantischer Schriften noch heute beweisen. Er fragt zum ersten-, zweiten- und drittenmale: Wie kam Kant dazu, Berkeley zu desavouieren? Die Antwort wird sich dem Schriftsteller erschliessen, wenn er Kants Lehre von den „Gedankendingen" nachgeht, die „seines Wissens" bis zum heutigen Tage vernachlässigt worden ist. Berkeley kannte, wie jeder dogmatische Idealist, solche Gedankendinge, Kant aber lehrt, dass man nur Erscheinungen erkennt. Der Idealismus ist eine notwendige Konsequenz der Einbildung, die eigene Seele als ein Ding an sich, ein Noumenon zu erkennen. Mit Recht sagt Kant, dass man wenigstens dem problematischen Idealismus verfallen sei, wenn man mit dem Satze: alle denkenden Wesen sind als solche Substanzen nach der Anleitung der Kategorien weiter geht, um ihre Existenz unabhängig von äusseren Gegenständen zu bestimmen. Und diesem Gedanken hat man Kants neue Widerlegung des Idealismus zu verdanken, die nur mit dem Blicke auf die Erfahrung gerichtet ist. Alle Stellen, die sich hierauf beziehen, haben mit Dingen an sich nichts zu thun. Die von Vaihinger in einer These ausgesprochene Behauptung, die Vorrede in der zweiten Auflage enthalte eine verwirrende Beziehung auf die Dinge an sich, verdient schon um deswillen eine besondere Zurückweisung, weil der Schriftsteller sein eigenes Schwanken in diesem Punkte nicht verbirgt. Und das alles, weil er sich den Begriff des Dings an sich (eines Gedankendings) nicht zur Klarheit gebracht hatte. Die Dinge ausser uns, von denen wir den ganzen Stoff zu Erkenntnissen selbst für unseren inneren Sinn her haben, sind ihm auf S. 132 seiner Abhandlung Gedankendinge, auf S. 152 aber „kommt man auf den Gedanken", dass es nicht so sei. Eine Verwirrung, sagt er dennoch, herrscht dort jedenfalls. Aber diese Verwirrung ist doch nicht bei Kant vorhanden! Vaihinger spricht an derselben Stelle von zwei „Hauptamphibolien" Kants; aber sie sind doch nur bei dem Leser und nicht bei dem Schriftsteller! Von einer Amphibolie kann man doch erst dann reden, wenn sie begangen worden ist. Ist es nicht eine erste Pflicht objektiver Kritik, dass der Kritiker seine eigenen Associationen von den Gedanken scheidet, die er beurteilen will? Und da von Amphibolie einmal geredet wird, so waren es doch nicht seine Kritiker, die auf sie aufmerksam gemacht haben, sondern Immanuel Kant selbst hat ihretwegen ein besonderes Kapitel geschrieben, das auf die Verwechslung von „Gedankendingen" und empirischen oder möglichen empirischen Objekten in der Ueberlegung hingewiesen hat.

Genug, wir haben gezeigt, dass Vaihinger dem Kantischen Gedankengange nicht gerecht werden konnte; der Schriftsteller sieht das Problem der Kritik vor lauter eigener Kritik nicht. Um ein Wort Berkeleys zu gebrauchen: er wirbelt eine Staubwolke auf und beklagt sich dann darüber, dass er nicht mehr deutlich sehen kann. Kant schreibt ein dickes Buch, das nur einen Zweck hat: den Nachweis, dass man a priori von Dingen an sich nichts wissen könne. Aber man hat einen reinen, d. h. für alles notwendig geltenden Verstand. Die Leistungen dieses Verstandes erschöpfen sich in Begriffen, deren objektive Realität man nur mit Rücksicht auf mögliche Erfahrung darthun kann. Die Welt der

Erscheinungen ist nur eine Welt möglicher Erfahrung; sie ist so wirklich, wie das jedermann in seinem Verhalten anerkennt, aber das Erkennbare und Erkannte ist nichts, was einem Verstande unmittelbar entgegentritt; es ist niemals ein Ding an sich. Es wird also der empirische Gebrauch des Verstandes, wie das vernünftigerweise nicht anders möglich war, nicht allein anerkannt, sondern die Erfahrung selbst als eine synthetische Verknüpfung von Wahrnehmungen wird als Zeuge für die reine Vernunft aufgerufen. Das war der einzige Weg, der noch offen war. Was kann sich Vaihinger bei den Worten: Möglichkeit der Erfahrung gedacht haben, wenn er beständig die empirische Realität der Aussenwelt in einem Widerspruche mit der transscendentalen Idealität der sinnlichen Formen Raum und Zeit sieht? Kant bekämpft den transscendentalen Dualismus und ebenso den transscendentalen Monismus, weil er a priori von Dingen an sich nichts weiss. Aber er vertritt in der ersten Auflage einen empirischen Dualismus, was hat sich der Kritiker Kants bei diesem empirischen Dualismus noch denken können, wenn er die Worte aus der Vorrede der Met. Anf. d. Naturw.: „Die Grundbestimmung eines Etwas, das ein Gegenstand äusserer Sinne sein soll, musste Bewegung sein: denn dadurch allein können diese Sinne afficiert werden", als das „gerade Gegenteil" Kantischer Lehren gegen das System des influxus physicus bezeichnet? Kant hat die Stelle über den influxus physicus in der zweiten Auflage weggelassen, er hat sich in der That hier mit dem Problem der rationalen Psychologie begnügt, das sich auf das Jenseits bezieht. Die Kritik dieser Lehren war seine fest gegebene Aufgabe. Man kann sich nicht genug darüber wundern, bei Vaihinger auf eine Parallelstelle beider Auflagen hingewiesen zu sehen mit der Bemerkung: Kant löst in der zweiten Auflage „jene berüchtigte Frage wegen der Gemeinschaft des Denkenden und Ausgedehnten" nicht so leicht wie in der ersten Auflage..." In der ersten Auflage erklärt Kant merkwürdigerweise, es sei keinem Menschen möglich, eine Antwort auf diese Frage zu finden. In der zweiten wiederholt er lediglich, was ähnlich schon in der ersten (K. S. 707) gesagt war und er bemerkt:

„es bleibt keine andere Frage übrig als die, wie überhaupt eine Gemeinschaft von Substanzen möglich sei, welche zu lösen ganz ausser dem Felde der Psychologie und, wie der Leser nach dem, was in der Analytik von Grundkräften und Vermögen gesagt worden, leicht urteilen wird, ohne allen Zweifel auch ausser dem Felde aller menschlichen Erkenntnis liegt." Heisst das nun eine Frage nicht so leicht lösen, wie in der ersten Auflage? Kant löst keine Fragen, die unlösbar sind; aber er hat in seiner Analytik gezeigt, wie reine Begriffe möglich sind und wie sie ihre objektive Realität in möglicher Erfahrung finden können. Es kann füglich nicht verlangt werden, die ganze Analytik hier von neuem ins Feld zu führen. Indessen wollen wir, wie schon an anderem Orte geschehen, nochmals darauf hinweisen, wie es Kant in der zweiten Auflage darum zu thun ist, die Bedeutung der äusseren Anschauung für die innere überall schärfer hervorzuheben. Man lese besonders die „Allgemeine Anmerkung zum System der Grundsätze", die in der neuen Auflage hinzugekommen ist. Zu unserem Thema heisst es dort: „Endlich ist die Kategorie der Gemeinschaft, ihrer Möglichkeit nach, gar nicht durch die blosse Vernunft zu begreifen, und also die objektive Realität dieses Begriffes ohne Anschauung und zwar äussere im Raum, nicht einzusehen möglich. Denn, wie will man sich die Möglichkeit denken, dass, wenn mehrere Substanzen existieren, aus der Existenz der einen auf die Existenz der anderen wechselseitig etwas (als Wirkung) folgen könne und also, weil in der ersteren etwas ist, darum auch in den anderen etwas sein müsse, was aus der Existenz der letzteren allein nicht verstanden werden kann? denn dieses wird zur Gemeinschaft erfordert, ist aber unter Dingen, die sich ein jedes durch seine Subsistenz völlig isolieren, gar nicht begreiflich. Daher Leibniz, indem er den Substanzen der Welt, nur wie sie der Verstand allein denkt, eine Gemeinschaft beilegte, eine Gottheit zur Vermittelung brauchte; denn aus ihrem Dasein allein schien sie ihm mit Recht unbegreiflich. Wir können aber die Möglichkeit der Gemeinschaft (der Substanzen als Erscheinungen) uns gar wohl fasslich machen, wenn wir sie uns im Raume, also in der äusseren Anschauung vorstellen. Denn diese erhält schon a priori formale äussere Verhältnisse, als

Bedingungen der Möglichkeit der realen (in Wirkung und Gegenwirkung mithin der Gemeinschaft) in sich."

Dass Kant unmittelbar darauf auf die neue Widerlegung des Idealismus hinweist, wird man begreiflich finden, wenn man sich den ganzen Gedankengang zur Klarheit gebracht hat. Aus dieser Stelle geht übrigens hervor, was auch ohnedies klar ist, dass Kant in der oben citierten Bemerkung (S. 255) an eine Gemeinschaft von (intelligiblen) Substanzen im Sinne der dogmatischen Metaphysik denkt, ohne, wie Vaihinger meint, gegen seine eigenen Lehrsätze zu verstossen. Es ist wahrlich nicht möglich, hyperphysische Objekte anders als nach reinen Verstandesbegriffen zu denken, wenn man sie — wie die Kritik mit Recht lehrt — allein zur Verfügung hat. Erst dann würde sich Kant gegen die eigene Lehre vergangen haben, wenn er in bestimmter Weise einen theoretischen Gebrauch von ihnen gemacht hätte.

Man lese obige Sätze aufmerksam und vergleiche sie mit der Bemerkung Vaihingers: „Die Kantischen Aeusserungen über die Affektion der Sinne durch Gegenstände, welche den Stoff der Erkenntnis geben, sind nicht in Einklang zu bringen, wie man die Sache auch wenden mag, es widerspricht sich die Affektion durch die Dinge im Raume und durch die Dinge an sich; es ist gar nicht möglich, unsere Empfindungen nun im einzelnen auf die eine und andere Quelle zurückzuführen!" Nun braucht man bloss zu fragen: Worin liegt denn nur der Widerspruch? so sitzt der Kritiker fest. Selbst wenn eine zwiefache Affektion als bestimmbar gelehrt würde und es im einzelnen nicht möglich wäre, die Ursachen zu sondern, läge kein Widerspruch vor. Indessen ist ja eben das die Behauptung der Kritik, dass synthetische Urteile a priori nur im Reiche der Erscheinungen möglich sind und dass wir Empfindungen nur auf Gegenstände im Raume als ihre Ursache beziehen können. Jene andere Beziehung ist nur gedacht und es wird so wenig verlangt, dass man seine Empfindungen im einzelnen auf die transscendentale Quelle zurückführe, dass die Kantische Kritik darüber hinaus — der Not gehorchend — verbietet, sich auch nur über den allgemeinen Charakter jener Relation Vorstellungen zu machen. Indem man sich nach unseren reinen Verstandesbegriffen eine transscendentale Ursache nur denkt, hat man eben nichts Bestimmtes und auch nichts Bestimmbares gedacht. Selbst wenn man sich Monaden denkt, so liegt auch in diesem Begriffe noch keine bestimmte Vorstellung über die Art des Verkehrs, in dem sie zu einander stehen. Leibniz hat mit ihnen sicherlich der empirischen Erkenntnis keine Konkurrenz machen wollen. Aber er geriet in den Irrtum, noch erkennen zu wollen, nachdem er die Bedingungen der Erkenntnis zuvor aufgehoben hatte. Und nur dadurch geriet er auf Abwege, auf denen das freie Spiel der Phantasie in erdichteten Prinzipien die begründete Hypothese zu ersetzen hatte. Metaphysische Hypothesen sind nicht statthaft, weil man seine Beispiele nur aus der Erfahrung nehmen kann. Mit ihnen ins jenseitige Gebiet sich zu wagen, ist vermessen. Man kann in der empirischen Welt Hypothesen machen, indem man ein Dasein erdichtet. Der Aether des Physikers ist eine begründete Hypothese, deren Möglichkeit auf Thatsachen beruht, die man in anderen Medien wirklich wahrgenommen hat. Obgleich nicht unmittelbarer Gegenstand der Wahrnehmung, gehört er zur Natur. Der Metaphysiker kann nur Begriffe, die die Sinnlichkeit „geschwängert" hat, erdichten. Der influxus physicus, die prästabilierte Harmonie, das System der Assistenz sind Hypothesen, die aus dem Diesseits abstammen. Wir haben kein Recht, sie ins Jenseits zu verlegen. Wir haben von diesen Bestimmungen als Vorschriften für das Reich des Unbedingten, Ansichseienden keinen Begriff. Es sind schlechthin Anthropomorphismen. Kant hat mit der kritischen Grenzbestimmung jede dogmatische Metaphysik vernichtet. Er nimmt ihr jede Möglichkeit zu beweisen; aber er hat damit den Menschen Ideale nicht genommen, wenn er vom Wissen zum Glauben überführt. Damit fällt jeder Boden für den wissenschaftlichen Streit — es sei denn zur Abwehr gegen dogmatische Verneinung, der man eben beweisen kann, dass sie ein Wissen nur vorgiebt, wo es ausgeschlossen ist.

Indem wir diese Betrachtungen abschliessen, müssen wir gegen die mildernden Umstände Einspruch erheben, die Kant von Vaihinger für Vergehungen zugebilligt erhält, deren Nachweis als durchaus verfehlt zu bezeichnen ist. Die kritische Grenzbestimmung kann nicht in einem Widerspruch zu den positiven Lehren der Erkenntnis treten. Mehr bedeutet es aber nicht, wenn Kant in der Kritik der reinen Vernunft dem Verstandesbegriff eine transscendentale Bedeutung, aber keinen transscendentalen Gebrauch belässt. Dieser Gebrauch ist und bleibt „gar kein Gebrauch". Wie streng sich Kant an seine eigenen Ergebnisse hält, kann man aus den oben (S. 254) erwähnten Parallelstellen sehen. Hier wandelt er an der Grenze, wo mit Leichtigkeit die Illusion zu einem sicheren Urteil verleitet. Vaihinger meint nun, dass „die klaffenden Widersprüche" seines Systems Kant zur Ehre gereichen. Sie seien der „Ausdruck der widersprechenden historischen Richtungen", die Kant vorfand, und „also der Ausdruck des Ernstes", mit dem Kant... „den Fehler" „einseitiger Vertretung Einer Richtung" vermeiden wollte, in letzter Linie „der Ausdruck der Widersprüche, in welche das menschliche Denken überhaupt notwendig gerät". In Widersprüche gerät man notwendig, wenn man die Begriffe der Erscheinung und des Dings an sich nicht auseinanderzuhalten vermag. Diese Widersprüche aufzudecken, ist die Kritik der reinen Vernunft geschrieben worden. „Nimmt man Erscheinungen für Dinge an sich selbst und verlangt, als von solchen, in der Reihe der Bedingungen das Schlechthin-Unbedingte, so gerät man in lauter Widersprüche, die aber dadurch wegfallen, dass man zeigt, das Gänzlichunbedingte finde unter Erscheinungen nicht statt, sondern nur bei Dingen an sich selbst. Nimmt man dagegen umgekehrt das, was als Ding an sich selbst von irgend etwas in der Welt die Bedingung enthalten kann, für Erscheinung, so macht man sich Widersprüche, wo keine nötig wären, e. g. bei der Freiheit und dieser Widerspruch fällt weg, so bald auf jene unterschiedene Bedeutung der Gegenstände Rücksicht genommen wird." Die Metaphysik, heisst das mit anderen Worten, ist keine Physik. Ist Metaphysik auch nur subjektiv wirklich, so muss man doch ihre Begriffe untersuchen und feststellen können und dabei wird man notwendig auf jene zwiefache Bedeutung des Objekts geführt; das ist ganz unabhängig von jeder historischen Entwicklung einzusehen. Die Kritik bringt die Erklärung für das historische Bild, das die metaphysischen Wirren geboten haben. Ohne ihre subtilen Deduktionen verrichtet die „Vernunft ihr Geschäft sowohl in der Mathematik als Naturwissenschaft ganz sicher und gut". Für sie war also die Kritik selbst zunächst nicht geschrieben. Indem aber Kant jene Widersprüche aufdeckte, ist er der erste wissenschaftliche Metaphysiker geworden. Die Vernunft war nicht für die Fehltritte des Urteils verantwortlich, die Täuschung aufzudecken, verlangte nur einen Mann, der nicht bloss historisch gelernt, sondern auch einen richtigen Gebrauch von der ihm verliehenen Vernunft zu machen verstand. Was uns bisher in der Auffassung des Philosophen zu stören vermochte, war die vorwiegend historische Auffassung seiner Vernunftkritik. Und so mag wohl mit derselben Motivierung und mit gern bewilligten mildernden Umständen die „Ehre" der Widersprüche nicht Immanuel Kant, sondern seinen Kritikern zuzubilligen sein.